EL ÉXITO A TRAVÉS DEL PENSAMIENTO POSITIVO

Está medio vacío o medio lleno... depende de cómo lo veas

EL ÉXITO A TRAVÉS DEL PENSAMIENTO POSITIVO

Está medio vacío o medio lleno...
depende de cómo lo veas

S.P. Sharma

Grupo Editorial Tomo, S.A. de C.V.,
Nicolás San Juan 1043,
03100, México, D. F.

1a. edición, septiembre 2010.

Nicolás San Juan 1043, Col. Del Valle. 03100, México, D.F.
Tels. 5575-6615 • 5575-8701 y 5575-0186
Fax. 5575-6695
http://www.grupotomo.com.mx
ISBN-13: 978-607-415-215-9
Miembro de la Cámara Nacional de la Industria Editorial No. 2961

Traducción: Aehleane Sepúlveda
Diseño de portada: Karla Silva
Formación tipográfica: Francisco Miguel M.
Supervisor de producción: Leonardo Figueroa

Impreso en México - *Printed in Mexico*

El motivo real de los libros, es hacer que el hombre piense por sí mismo.

Si un libro no te hace pensar, no vale la pena.

—William Lyon Phelps

Al igual que la abeja recolectando la miel de diferentes flores, el hombre sabio acepta la esencia de diferentes culturas y sólo ve el bien de todas las religiones.

—Srimad Bhagavatam

Cada nuevo descubrimiento de la ciencia, es una revelación más de lo que Dios ha construido en su universo.

—Warren Weaver

Contenido

Introducción

La humanidad es una e indivisible. Los problemas y conflictos, los ideales y aspiraciones de cada persona, han sido esencialmente lo mismo en todas partes del mundo y seguirá siéndolo. La batalla de Waterloo se ganó en los campos de juego de Eton, las semillas de una guerra catastrófica fueron sembradas en las mentes de las personas, germinadas allí y los frutos venenosos de destrucción están dispersos por todo el mundo, directa o indirectamente.

No podemos ver de forma aislada cualquier evento o estado de las cosas.

El mundo ha avanzado científica y tecnológicamente en un grado impensable desde hace un siglo. La evidencia de las horribles aplicaciones de las invenciones y descubrimientos científicos para fines terriblemente destructivos, es un punto que debe recordarnos que el progreso del hombre ha sido desigual. El crecimiento de la moral del hombre, no ha crecido a grandes pasos como en otros campos.* Si el hombre será salvado de ser víctima de su propia falta de

* "Nuestro conocimiento de la ciencia, ha superado claramente nuestra capacidad de controlarla. Tenemos demasiados hombres de ciencia, pocos hombres de Sermón, el mundo ha alcanzado la brillantez sin sabiduría, el poder sin conciencia. Nuestro mundo es un mundo de armas nucleares gigantes y niños éticos. Sabemos más sobre la guerra que sobre la paz, sabemos más acerca de la muerte, que acerca de la vida. Esta es la afirmación de nuestro siglo XX, de distinción y progreso".

—General Omar Bradley

precaución, ahora es el momento de someterse a la búsqueda dentro de uno mismo.

Si queremos construirlo de nuevo y hacer del mundo un lugar más seguro para las generaciones venideras, debemos elevar la moral del individuo. Tenemos que ayudarlo, aconsejarlo, guiarlo y elevarlo.

En esta tarea, es común imaginar equivocadamente que nosotros mismos estamos exentos de las locuras y debilidades de la civilización imperfecta y nos engañamos pensando que esta necesidad de reevaluación y regeneración moral sólo existe para otros. Todos nosotros tenemos que aprender y, por supuesto, esto significa un intercambio de ideas e ideales. Aquí, el intercambio de palabras es significativo. En este contexto, sería conveniente recordar las sabias observaciones del Dr. Kenneth Walker:

> *... mi gran veneración, es por la cultura antigua de la India, una cultura en la que, a mi modo de pensar, el ser humano tiene el pensamiento y la sensación de haber alcanzado el más alto nivel que haya alcanzado. Por lo tanto tienen un rendimiento brillante en la India en los ámbitos de religión y filosofía, estoy convencido de que tiene una gran contribución que hacer para el pensamiento mundial y al crecimiento de la paz mundial... El Este y el Oeste tienen mucho futuro y la asociación que formemos será un esfuerzo estupendo para construir un mundo nuevo, más noble y mejor para todos nosotros.*
>
> —**Introducción a *Santas mujeres de oriente y occidente***

De hecho, es común decir que el poder tecnológico y económico no lo es todo. Gente de todas partes está cosechando las consecuencias de una vida acelerada, sometida a una variedad de tensiones y presiones. La preocupación por la ciencia, tecnología, por los negocios y el comercio deja al hombre poco tiempo para pensar. La señal en todo el mundo es que el hombre actúa sobre un solo estímulo momentáneo y no es capaz de mirar más allá de su nariz, de meditar o reflexionar sobre las verdades de la existencia que viven en la superficie.

Esta falta de tiempo a la inclinación de pensar, reflexionar, es un signo peligroso. Se reproduce la estrechez de la mente, que es la madre de la hipocresía, el fanatismo y la intolerancia, y trae en su tren la miseria innecesaria para el individuo. A nivel nacional e internacional, las consecuencias de estas cosas han sido realmente desastrosas.

Tomemos el caso de Hitler, con sus frustraciones individuales y su estrechez de su mente. Cuando encontró el medio ambiente apropiado, estalló un espantoso militarismo y el rechazo brutal de los valores humanos que trajeron al mundo un desastre de magnitud colosal. La acción hitleriana tuvo lugar durante la Segunda Guerra Mundial. En Estados Unidos la guerra civil ocurrió entre 1861-1865, siendo el resultado de la "conciencia" de los ilustrados, y parte de la nación americana, que lanzó su gran peso del lado de una causa, que les hizo luchar contra sus propios hermanos.

No debemos olvidar que no era la lucha de los esclavos por su propia emancipación. Sin embargo, la conciencia de una nación se levantaba al no resignarse a la persistencia de la desigualdad entre el hombre y el hombre. Estos sentimientos son reflejados en las siguientes líneas de James Russell Lowell:

¡Hombres! vosotros que presumen,
padres valientes y libres,
si respiramos en la tierra un esclavo,
¿sois verdaderamente libres y valientes?
Si vosotros no sienten la cadena,
cuando tiene dolor un hermano,
¿no eres de hecho como esclavo?,
¡esclavos indignos a ser liberados!

Cuando se pensó en los intereses creados, y sin haber necesidad de tal sacrificio, la guerra civil estalló. La causa justa triunfó gracias a Lincoln, un hombre de amplia visión. Los puntos de vista del catolicismo y el celo humanitario estuvieron a la cabeza. Las heridas de la guerra civil sanaron poco a poco y el país marchaba a la cabeza para tomar su lugar, así como la democracia en todo el mundo.

Los ejemplos de Hitler y Lincoln que se mencionaron sirven para subrayar la importancia individual, que los líderes de una nación simbolizan el estado de ánimo de las personas con respecto a un momento específico en la historia*. Como dramáticamente lo mencionó un autor, no podemos sobrestimar el poder *individual*.

Además de la necesidad nacional e internacional, es un hecho que el hombre siempre se esconde bajo su aspecto bullicioso, y aparentemente despreocupado, en un ardiente deseo de lanzarse en un viaje de regeneración hacia la perfección moral y espiritual. Los hombres no viven sólo para conseguir el pan. El progreso de la persona, sin duda, es lento, pero seguro, a pesar de sí mismo. Recordemos el viaje más importante del hombre y prestémosle toda la asistencia que podamos en su camino, proporcionando indicaciones y señales. Incluso si se hubiera extraviado, puede y debe ser devuelto a la ruta correcta. Si está inquieto, si está cansado, déjalo descansar un rato en el consuelo de la religión, moral y espiritual. ¡Lo construido, déjalo crecer y avanzar a ritmo acelerado, refrescado y animado!

❑❑

* Una de las personas que nacieron para ser un extraordinario ejemplo...
—**R: H: Stoddard,** *Abraham Lincoln*

1

Este mundo paradójico

Porque la sabiduría de este mundo es necedad para Dios.

I Corintios 3:18

Dejad que no me juzgan de acuerdo a la vista de los ojos del exterior, ni a dictar sentencia de acuerdo a lo que escuchan los oídos de los hombres que no saben lo que están hablando, sino a determinar lo visible y espiritual de los asuntos con un juicio verdadero, y sobre todas las cosas, siempre buscar tu buena voluntad y placer.

Los sentidos de los hombres seguido se equivocan en sus juicios, y los amantes de este mundo, son engañados al amar sólo las cosas visibles.

¿Cómo puede el hombre ser mejor para tener una reputación mayor por el hombre?

—*La imitación de Cristo*
(Libro III Capítulo 50)

Cambiando la manera de vivir

Para muchos de nosotros, pareciera que no hay buenas razones para cambiar nuestra manera de vivir. Estamos satisfechos con lo que estamos viviendo.

En la misma línea que la mayoría de los seres humanos, estamos todos en la búsqueda de la salud, riqueza, sexo y poder. Estamos boyantes en los buenos tiempos y deprimidos y abatidos en la adversidad. Vamos por la vida como un barco sin vela y sin timón, río abajo. No podíamos escapar del nacimiento, ni sabemos por qué hemos nacido. No tenemos más remedio que vivir e ir a la deriva.

Cuando los grandes hombres hacen su aparición en medio de nosotros de vez en cuando, con su mandamiento nos demuestran la supremacía del espíritu y nosotros les aplaudimos, los admiramos, los glorificamos. En su mayoría porque nosotros somos, o por lo menos pensamos que somos, incapaces de alcanzar su altura.

Nosotros tenemos un gran maestro en la vida: Investigación. Todo el progreso, todo el aprendizaje es el resultado de la investigación.

Entre más seria es la investigación, más profunda es la visión que obtenemos. Cuanto más reflexionamos sobre las cosas, más firmes son nuestras convicciones. Si Newton no se hubiera preguntado ¿por qué la manzana cae al suelo?, que pobre hubiera podido ser el mundo. Sin duda, algún otro Newton pudo haber hecho el descubrimiento, ¡pero sólo después de hacerse la misma pregunta!

La investigación es necesaria, no sólo para el reino del conocimiento de las ciencias físicas. Es una necesidad absoluta, en el día a día, si queremos obtener una visión de la ciencia en la vida.

Somos muy conscientes de que estamos creyendo demasiado en nuestros sentidos, la mente y el intelecto, en la evaluación del valor de los objetos del mundo. Aunque sabemos vagamente que nuestros sentidos, como la vista, el tacto y el olfato son susceptibles de jugar contra nosotros, seguimos guiándonos exclusivamente por ellos, para decidir cualquier cosa y poner acción. Sólo estamos contentos de recibir información y conocimiento de segunda mano, incluso en situaciones en las que debemos ejercer un juicio y pensamiento independientes. ¿Por qué? Debido a que estamos ocupados viviendo poco nuestras vidas y hay menos espacio para la investigación y el razonamiento...

Valores sin importancia y cosas materiales

Además, estamos siendo guiados en todos los ámbitos de la vida por las ideas populares y convencionales. Si sientes que el amor es una cosa "esplendorosa", es porque, desde el momento en que podíamos entender algo al respecto, hemos sido condicionados por los libros que leemos, las películas que vemos y las historias que nos dicen que hay que pensar de cierta forma. La riqueza es una gran bendición para ser adquirida por todos los medios, y la pobreza es una maldición y por lo tanto no es aprobada. La educación hace crecer nuestra mente y la expande. La enfermedad es algo detestable que se puede prevenir y curar. Todas estas ideas son básicamente correctas, sin duda. Pero, como dicen, hay dos lados de la moneda. Cada aspecto de la vida es paradójico. De hecho, el mundo está lleno de paradojas. A cada paso que nos enfrentamos, destruyen la finalidad aparente de valores y las cosas del mundo.

Hace tiempo San Francisco de Asís dijo: "En dar está el recibir, es perdonando cuando somos perdonados y es muriendo cuando nacemos a la vida eterna". Pero, la religión y los religiosos parecían hablar en un idioma que siempre ha sido extraño, en el oscuro mundo de los hombres y las mujeres.

Para todos nosotros la juventud es la primavera de la vida, "ser joven es como el cielo" y la edad adulta es la noche triste de la vida, al borde de la noche oscura que es la muerte. Sin embargo, Robert Browning escribió:

¡Envejece conmigo!
Lo mejor está aún por llegar,
lo último de la vida, es para lo
primero que se hizo.

Hervey Allen, en *La adversidad de Anthony* dijo, "El único momento en el que vives realmente pleno, es de los treinta a los sesenta" es decir, exactamente después de que dejas de ser joven.

Después de los estragos de dos guerras mundiales, cuando los estadistas del mundo se desgarraban los sesos por explorar formas de lograr una paz duradera, Voltaire dice en Cándido: "En los pueblos que parecen gozar de bendiciones de paz y donde el arte florece, los hombres sufren más de la envidia, las preocupaciones e inquietudes, mientras que una ciudad sufre los estragos de la guerra y los maltratos secretos son mucho más crueles que las miserias públicas". Es de conocimiento común que en tiempos de guerra la gente de una nación hunde sus diferencias, hace sacrificios por los demás y tiene grandes actos de coraje, la abnegación y el heroísmo son testigos. Winston Churchill ha llegado a ser clasificado entre los hombres más grandes del mundo, pero por su papel en la Segunda Guerra Mundial.

Si los poetas y novelistas parecen vivir y hablar de otro mundo, vamos a ver lo que la gente más mundana, pero de gran eminencia nos aclara.

Estos días son de calorías, dietas balanceadas y nutrición.

Pero el gran Napoleón dijo y sostuvo, que "por muy poco que un hombre pueda comer, siempre come demasiado. Se puede enfermar por comer de más, pero nunca por comer de menos". El buen Benjamin Franklin, que murió lleno de años y honores, había conocido la pobreza y la riqueza en su vida. Recordando sus días de juventud, escribió en su autobiografía: "Vivir con comidas que a menudo no eran más que una galleta o una rebanada de pan, un puñado de uvas o una tarta de pastel y un vaso de agua, fue cuando hice el mayor avance en mis estudios; tenía mayor claridad en mi cabeza y más rápida comprensión, que por lo general, era acompañada de la austeridad en el comer y beber".

Hablando nuevamente de Napoleón, el héroe triunfal de cientos de batallas, quien juró por el camino de la espada (¡y, por cierto, murió por ella!), cuando se proclamó en el exilio: "La fuerza no es el remedio, el espíritu del hombre es mayor que la espada. ¿Sabe usted" dijo, "qué es lo que me sorprende más que todo lo demás? La impotencia de la fuerza para organizar nada. Sólo hay dos poderes en el mundo: el espíritu y la espada. A la larga, la espada será siempre conquistada por el espíritu". Por otra parte: "La guerra es un anacronismo, algún día las victorias serán ganadas sin cañones y sin bayonetas". Las palabras de Napoleón resultaron proféticas. La India obtuvo su independencia contra el poder de los imperios más poderosos de una manera no violenta, bajo el liderazgo de Mahatma Gandhi. Por cierto, es interesante recordar que Gandhi generosamente reconoció su deuda con Henry David Thoreau, por la noble idea de la resistencia pasiva y la fuerza del alma.

Pero, al llegar a los tiempos modernos, cuando una de las atracciones de ser rico, es el cuidado adicional que nos permite otorgar a nuestros niños, el especialista de la niñez Dr. Josephine Baker dice: "Los hijos de padres ricos, que a menudo son sobrealimentados, son a menudo desnutridos. Ser demasiado cuidadosos protegiéndolos contra el contagio no crea ninguna inmunidad y son presas de todo germen".

Una vez más, ¿quién iba a pensar que la mala salud y la enfermedad tienen efectos beneficiosos en el cuerpo? Pero el Dr. Martin Gumpert, afirma, "la enfermedad, forzando al cuerpo a fortalecer sus defensas, puede contribuir al aumento de la vitalidad".

Rasgos de personalidad y la educación

¿Hasta qué punto la educación superior mejora nuestra personalidad? El Dr. Henry C. Link, famoso psiquiatra norteamericano, después de extensos estudios, hizo el siguiente descubrimiento: "Que en los rasgos de personalidad, las personas prácticamente sin educación universitaria son igual que los graduados; las personas que tienen la más alta inteligencia escolar son prácticamente iguales que los que no la tuvieron, los que son más bajos en los test de inteligencia, tienen la misma probabilidad del más alto rango, que aunque la personalidad de algunos estudiantes mejora durante la escuela secundaria y las edades de la universidad, la de los demás se deteriora, de modo que el resultado neto es de cero. En otras palabras, no hay ninguna mejora en la personalidad debido a la educación".

¿Alguna vez te has lamentado por no ser un brillante intelectual? Pues no pareces haber perdido mucho a la luz de los resultados del Dr. Link y sus afirmaciones: "Entre más intelectual es el hombre, más amplia es su gama de ideas y mayor el peligro de poner a los diosesmedianos antes que al Dios de los valores eternos".

Sin embargo, existe otra conclusión importante del mismo célebre psiquiatra, dejando al descubierto la trivialidad de la búsqueda exclusiva de los conocimientos científicos y tecnológicos:, si se tiene un bienestar físico, no habrá una reducción en nuestra inquietud mental.

"No puede haber ninguna solución de problemas profundos de la vida, no hay mayor felicidad para el individuo mediante el desarrollo de un mayor conocimiento científico por sí solo. Más ciencia sólo crea más confusión. A menos que las ciencias se integren y se subordinen a los hechos de cada día que vivimos, van a destruir en lugar de liberar la mente que los creó. Esta integración debe venir desde fuera de las ciencias mismas, no es inherente a ellas y no es un tema para una prueba científica. Debe venir de una fe, una creencia en ciertos valores de la vida que es fundamental y que la lógica no la pueda desplazar".

¿Te sientes un poco menos seguro de la tierra, en la que nos encontramos en este plano temporal? Este es el primer paso en nuestro viaje hacia un sentido más sano de los valores, que nos conduce gradualmente a la conciencia del Reino de Dios.

❑❑

2

El secreto de generar la alegría en uno mismo

La esencia de la filosofía, es que un hombre debe vivir de tal modo, que su felicidad dependa lo menos posible de las cosas externas.

—Epíteto

Una vida feliz debe ser en gran medida una vida tranquila, pues sólo en una atmósfera de tranquilidad es donde la verdadera alegría puede vivir.

—Bertrand Russell

El sentimiento de la felicidad

"¡Estoy tan feliz!", dijo María. "¿Por qué, qué pasó?" Le preguntó su amiga. "Anoche", contestó María, "Juan hizo lo que parecía imposible, me tomó en sus brazos y me preguntó si quería ser su esposa".

"Estoy feliz de haber aceptado la invitación a cenar con usted", dijo el Sr. Gourmet. "La comida fue excelente, mi apetito fue muy bueno. Tenía tanto tiempo de no haber probado comida y vino como estos".

"Gracias a Dios, estoy tranquila y feliz", dice una madre. "Mi pequeño Tom estaba entre la vida y la muerte con un ataque de difteria. Había abandonado toda esperanza. Entonces ocurrió el milagro: pasó la crisis y poco a poco recuperó su salud".

¿Te puedes dar cuenta de algo en común en la "felicidad" que sintieron tres individuos diferentes, en diferentes circunstancias? "Felicidad" como generalmente se utiliza, es como cualquier palabra. En un caso se trata simplemente de la perspectiva de la felicidad futura.

En otro caso, es usada para expresar un solo placer sensual o satisfacción mental. En el tercero, indica el alivio que se siente cuando un peligro se aleja. Desde una apreciación de la verdadera naturaleza de la felicidad, es un paso esencial para resolver al menos algunos de los interminables conflictos de la existencia mundana, no sería un mero ejercicio intelectual, si dedicamos un poco de nuestro tiempo para examinar sus características.

Aunque la principal preocupación del hombre es la de satisfacer sus necesidades naturales, como el hambre y la sed y protegerse de las fuerzas de la naturaleza, como la lluvia y la tormenta, y se gasta una gran parte de su energía en satisfacer estas necesidades básicas de la vida, tiene otra muy distinta, la búsqueda de la felicidad.* Como psicólogo William James dijo: "¿Cómo ganar, cómo conservar, cómo recuperar la felicidad?, es de hecho, para la mayoría de los hombres en todo momento el motivo secreto de todo lo que hacen, y de todo lo que están dispuestos a soportar". Lamentablemente, el placer es siempre confundido con la felicidad.

---

* La felicidad de nuestro ser es el objetivo final, ser bueno, disfrutar del placer, estar a gusto, estar contento. Cualquiera que sea su nombre, es algo que nos lleva al suspiro eterno, por lo que soportamos vivir o nos atrevemos a morir.

—Alexander Pope, ***En felicidad***

Cumplimiento del placer

Ahora, ¿qué es el placer? Se trata de una compensación de la naturaleza, del esfuerzo del hombre para satisfacer sus necesidades biológicas. Puede ser incluso un cebo. Cada vez que siente una necesidad, el hombre tiene que esforzarse y en el curso de la satisfacción, se deriva un determinado disfrute y una sensación agradable, que puede denominarse placer. Cuando tiene hambre, él tiene que buscar y preparar la comida. Cuando come, no sólo es saciar el hambre, también se tiene una sensación de placer determinada. Así, el acto de satisfacer una necesidad biológica, da lugar al placer. La Naturaleza originalmente debió de sensibilizar los placeres del sexo, al ser un cebo para inducir a los hombres y las mujeres a contribuir a la preservación de la especie y por consecuencia asumir la responsabilidad de la paternidad.

Este vínculo entre las necesidades naturales del hombre, el esfuerzo requerido para su cumplimiento y el placer que se deriva en la satisfacción de la necesidad, a menudo se pierde de vista. El resultado del placer por el placer y el divorcio entre la necesidad y su satisfacción. Por ejemplo, en vez de darse cuenta de que toma los alimentos para satisfacer su hambre, el hombre puede, por así decirlo, poner el carro como si fuera un caballo, al buscar los alimentos como siendo algo divertido. Sobre la misma base, con la llegada de los anticonceptivos modernos ha habido un descenso, e incluso la derrota de la naturaleza humana, por la que ahora el hombre se entrega al sexo por placer en lugar de ser para procrear.

La humanidad vive toda su existencia al día. Los esfuerzos constantes pueden mantener el mundo girando. El hombre primitivo se gastaba la comida que se procuraba el mismo día y tenía que ir a cazar diario para satisfacer sus necesidades alimenticias. Más tarde, su ingenio le permitió apartar algo para el día siguiente. En general, la existencia de vivir al día continúa, pero hay una gran diferencia en la actualidad. Que con el progreso de la industria y el comercio y la introducción del denominador común del valor, el dinero, el hombre ya no necesita producir para sí mismo lo que consume. Como resultado, mientras que el objeto de su trabajo diario, en cualquier ámbito que sea, todavía es ganar para que las necesidades básicas puedan ser cubiertas, la búsqueda del placer ha crecido en intensidad. El divorcio entre la necesidad y su satisfacción es completo, ahora es casi exclusivamente por el placer.

Un análisis nos revelaría que el placer es generalmente causado por el contacto de los sentidos con objetos de su agrado. Olfato, gusto, oído, vista y tacto, ceden el placer a los órganos respectivos cuando están en contacto inmediato con objetos agradables para ellos, perfumes, comida deliciosa, dulces, sonidos como la música, lugares de interés turístico agradables y así sucesivamente. El placer de un tipo particular, cesa cuando el órgano del sentido implicado pierde el contacto.

Aquí debemos hacer un pequeño paréntesis. En todas estas cosas, el papel de la mente no debe perderse de vista. Un órgano sensorial entra en contacto con un objeto agradable o placentero para ella. Pero la mente debe cooperar y tomar conocimiento de ello, de lo contrario el placer o la sensación no serán registrados. No es una cosa poco común en nuestra vida diaria ver pero no mirar y comer y no saber a qué sabe. Esto sucede cuando la mente está ocupada con otra cosa. Este fenómeno es muy importante en el moldeo de nuestra vida.

La búsqueda del sentido del placer tiene su curiosa reacción: Se da lugar a gustos y disgustos —el gusto por el placer y disgusto por el contrario, es decir, lo que no es agradable, menos agradable y positivamente en términos generales desagradable, se puede clasificar como dolor.

Otra reacción en cadena es generada por el anhelo del placer. Cuando hay cierta impaciencia, la frustración de su no realización provoca ira y frustración, el sentido del placer, en sí mismo, crea una insensibilidad e incapacidad de percibir las cosas para sí mismo y puede llamarse "engaño". Una vez más, la rivalidad y el conflicto surgen cuando un solo objeto es buscado por más de una persona. La posesión de objetos de placer provoca orgullo y egoísmo. Asimismo, estará claro que el placer es una experiencia subjetiva, con el egoísmo como su característica. Por otra parte, hay una cierta incertidumbre en la sensación que el objeto pueda ofrecer. Lo mismo puede ser la causa de placer o dolor en diferentes circunstancias. Calor en una mañana de invierno ofrece comodidad, pero en un día de verano, provoca malestar.

Lidiando con los placeres

Hasta ahora hemos estado viendo los placeres puramente sensuales. Hay otra variedad, hablar del placer mental, o el placer de la emoción. Tenemos periodos de amor, humor, tristeza, etc., emociones agradables y sentimientos como el odio, la ira y la codicia, como emociones desagradables. El pacer mental también participa en gran medida de las deficiencias del tipo sensual, pero de alguna manera es superior a las otras.

Podemos ir un paso más adelante y definir un tercer tipo de placer: El placer intelectual como la euforia que determinadas cosas nos provocan, a diferencia de las emociones, que dan lugar al dolor intelectual. Un ejemplo de placer intelectual es el marxismo o el socialismo como un credo en el que los marxistas y socialistas se deleitan.

Ahora permítenos decirte las características comunes entre los tres tipos de placeres:

(1) La necesidad de contacto con algo agradable, y la dependencia con objetos externos.
(2) Las diversas reacciones indeseables que vienen del placer por sí mismo, en diferentes etapas.
(3) La incapacidad de los sujetos para obtener placer de manera uniforme en todas las condiciones.
(4) Con el placer se creó el egoísmo, que a su vez se reprodujo. Llegamos ahora a la última, y quizás la más importante, el atributo de placer. ¿Cuándo se siente placer? ¿cuándo el "hambre" por el placer es satisfecho? Para decirlo de otra manera más clara, la ecuanimidad del hombre es perturbada en primer lugar cuando él cree que debe tener una cosa en particular y cree que sólo cuando esta "hambre" es satisfecha puede recuperar la ecuanimidad. Así se pone en marcha para conseguir esa sensación o ese objeto y al conseguirlo, se siente "placer". Un fumador está inquieto, tan pronto como el pensamiento del humo viene a su mente y recupera la calma sólo cuando consume un cigarrillo. Se cumple ese deseo y por lo tanto obtiene placer.

Este punto está bien aclarado en la discusión entre Sócrates y los sofistas. Sócrates estaba por la felicidad como la felicidad suprema y el sofista por desear y conseguir. Los sofistas dijeron que la felicidad de Sócrates era la de un bloque de madera, entonces Sócrates contestó que la felicidad de su rival era la de un hombre con comezón que no hizo nada más que rascarse.

Por lo tanto otra característica básica del placer, es que es fruto de un sentimiento insuficiente de algún tipo. En palabras de Adler: "Todo acto voluntario comienza con un sentimiento de insatisfacción, cuya resolución nos lleva hacia una condición de satisfacción, de reposo, de tranquilidad". La insatisfacción es la parte inferior del placer, que no es más que la manifestación de esa insuficiencia. Podría considerarse que el placer no puede sostenerse sobre sus propias piernas. Este es otro factor importante.

Ahora permítenos examinar la naturaleza de la felicidad, la cual es la parte más difícil de comprender. Místicos orientales y filósofos han dedicado una atención considerable a la misma y llevado a cabo una exhaustiva investigación en el laboratorio de la vida, para determinar su naturaleza. Como resultado ellos concluyeron que la felicidad es la verdadera naturaleza del alma. (Una palabra más apropiada para la felicidad sería "alegría".) Esto es, por naturaleza el hombre es feliz, siempre que no sea invadido por el deseo nacido por disturbios, se encuentra en un estado de alegría, que no necesita apoyo, ya que es su propia función y estructura...

La última afirmación se puede aclarar de una forma un poco satisfactoria. En esencia el estado de alegría es nuestra real y verdadera naturaleza.* ¿Cómo? Permíteme, te explico. Supongamos que te sientes simplemente relajado, en una silla de tu jardín una linda mañana, tomando un refresco, disfrutando del clima cálido y el sol agradable. No hay ninguna razón para que puedas estar particularmente feliz, ni una para ser infeliz. En otras palabras, tienes una

---

* El hombre es más varonil cuando la alegría es lo fundamental en él... la alegría es un estado de ánimo en nuestra naturaleza.

—G. K. Chesterton

opción clara para ser feliz o infeliz. ¿Qué elijes si eres un individuo más o menos normal? ¿Negarías ser feliz, porque no tienes un motivo especial para ser feliz? Por el contrario, ¿no serías un tonto si te niegas el hecho a ti mismo de la alegría por la sencilla razón de que no hay nada por lo que debas estar deprimido?

Alegría-La maravillosa paz

En contraste al placer, la alegría es independiente de cualquier factor externo o emoción interna. Es simplemente un estado de equilibrio. No busca nada y le da al hombre la única cosa que vale la pena: ¡La ALEGRÍA misma! Una vez que hayas aprovechado este secreto, LA ALEGRÍA ILIMITADA es tuya.

La comprensión del hombre sobre la alegría es su maravillosa paz, "La inexplicable paz". El cuerpo, la mente, los sentidos, el intelecto, todos están descansando, hay una claridad, un optimismo que no te exige a realizar una acción. Entonces viene la percepción de la existencia del alma de una forma diferente y superior en el cuerpo, en la mente y en el intelecto.

La descripción de la felicidad y alegría, pueden parecer indicar que van más allá del ritmo del camino ordinario de cada individuo. No necesariamente es así, porque hay un elemento de alegría o felicidad en el placer de uno mismo. Se podría decir que el placer es felicidad en parches. Cuando nosotros nos sentimos felices (aunque sea a pedacitos) estamos logrando tener un vistazo de la Única y Sólida Felicidad.

Los Reyes lamen la tierra de la justicia hecha,
porque Dios ha mezclado con la tierra polvorienta
un trago de la belleza de su copa seleccionada,
al amante de cariño, no estos labios de arcilla,
que se besan con un centenar de éxtasis,
piensa, entonces, ¿qué será cuando no están plenos?

—Jalal al Din Rumi

Todo es dulce, encantador y amable en este mundo,
en la tranquilidad del aire, lo hermoso de las estaciones,
la alegría.
En la luz, la melodía de los sonidos, el esplendor de
las piedras preciosas.
No es nada más que el cielo visto desde el velo de este mundo,
manifestándose y lanzándose con la variedad de su propia
naturaleza.

—William Law

Cada momento estamos disfrutando de la dicha absoluta,
aunque cubierto, incomprendido y caricaturizado.
donde sea que haya dicha, bienaventuranza, o alegría, aun
la alegría de un ladrón robando, ahí está la dicha absoluta
saliendo, sólo se ha convertido en oscuridad, confusa, por así
decirlo, con todo tipo de condiciones externas e incomprendido.

—Vivekananda

Otra cita, uno de la mística moderna, Thomas Merton, también se manifestó claramente de manera implícita sobre la existencia independiente de la alegría, infinitamente superior y muy diferente del placer:

No busques el descanso en ningún placer, porque has sido creado para la alegría, y si no sabes la diferencia entre el placer y la alegría no has comenzado a vivir.

Como ya lo explicamos, la mayoría de nosotros ignoramos la verdadera felicidad y hay una sorprendente unanimidad en el error y la confusión del placer con la felicidad.

La naturaleza del placer, a diferencia de la felicidad, como se dijo anteriormente, nos debe permitir tratar de "buscar" la felicidad. Se necesitará practicar considerablemente para conocer y disfrutar de la dicha independiente, la alegría sin límites. De hecho, la religión, y en particular la meditación y la oración, nos llevan a la práctica del arte de ser felices, alegres, trasladando a nuestro cuerpo, mente e intelecto del sentido, el deseo que nace del anhelo del placer, estabilizándolos y armonizándolos en un concepto de lo sublime. Realmente estamos capacitados para descubrir la verdadera naturaleza de nuestro ser, que es la alegría, la felicidad.

La concepción común de la religión y la filosofía como una negación o la negación de todo lo que es naturalmente agradable, también es resultado de esta confusión de placer por la felicidad. La enseñanza extraída de la humanidad, la esencia de la religión, trata de apartar al hombre fuera de lo efímero, la satisfacción trascendente y conducirlo a un goce permanente, sólido y sustancial de la verdadera alegría, dicha y felicidad.

La descripción anterior, tal vez se puede tomar como representación del punto de vista puramente oriental. Por lo que de hecho sería conveniente citar aquí al Dr. Earl L. Douglass:

> *La felicidad es un regalo de Dios. La razón por la que muchas personas fallan en encontrar la felicidad, es porque no saben dónde buscarla. Ellos creen que la encontrarán en la riqueza, pero el dinero solo, no hace feliz a nadie. Ellos piensan que lo encontrarán en lo fácil, pero la libertad de la irresponsabilidad produce inquietud, más frecuente de lo que produce felicidad. Lo buscan en una posición social, emocionantes tipos de placer, lugares de honor, y frecuentemente tratan de encontrar la felicidad en alguna cosa sin importancia.*
>
> *Van por mal camino. Mientras vivan no encontrarán la felicidad por ninguno de estos caminos, y es por la simple razón*

de que la felicidad está en nuestros corazones, o no está, es una condición dentro de nosotros mismos no del exterior. Su principal característica es la paz, no la posesión, la satisfacción, no la ambición, el amor y el sacrificio, no el placer y la indulgencia. Llega cuando un hombre deja de luchar contra el universo y deja su ser en manos de aquel que ha hecho el universo y lo encuentra cuando deje de tratar de encontrar la felicidad en el mundo y la busca en su propio corazón.*

En resumen, indicaremos aquí cómo poner en práctica los conocimientos adquiridos en este capítulo. Cuando no hay ninguna razón particular para ser felices o infelices, vamos a llevar deliberadamente a nuestro estado de satisfacción a un alto nivel, y reflejar alegría; piensa, actúa y habla con alegría. Con la práctica consciente de la alegría, ser alegre se convierte en nuestro estado normal, en vez de estar deprimido o simplemente indiferentes o inertes. Así, cuando hay una razón clara para ser más feliz, te llevará a una mayor altura. En momentos complicados (que no podemos evitar hasta que estemos completamente establecidos en el reino de Dios), manteniendo una actitud alegre, aunque sólo la supongamos, no te llevará demasiado a la parte inferior. Vamos a seguir un nuevo eslogan: Vamos a estar siempre alegres, aun sin ninguna razón, porque es nuestra verdadera naturaleza, la alegría es nuestro derecho de nacimiento. "Y en segundo lugar, esto debería ser lo más

---

* La felicidad sólida es nuestro premio,
esta joya se encuentra en nuestro pecho,
hay tontos que buscan afuera,
cuando el mundo no tiene nada que dar,
nuestra felicidad debe fluir de nuestro propio "yo",
y su linda choza es nuestro hogar.

—Nathaniel Cotton (1707-1788)
—El Fireside

importante, apartemos por lo menos media hora de nuestro tiempo libre cada día para practicar la meditación y la oración, encontrarás algunos consejos útiles en los siguientes capítulos.

❑❑

3

El trabajo en uno mismo - I

Todo acto es guardado primero en nuestra propia alma,
después, en las circunstancias.
La gente le llama a las circunstancias retribución.

—Emerson

Nada puede dañarme, excepto yo, el
daño que yo sostengo lo llevo conmigo y nunca seré
una víctima real, más que por mi culpa.

—St. Bernard

La actividad es el único camino hacia el conocimiento.

—G. Bernard Shaw

Bienaventurado el hombre que ha encontrado su trabajo.
No pide ninguna otra felicidad.

—Thomas Carlyle

Una de las más grandes satisfacciones de la vida,
es perderse en el trabajo de uno mismo internamente.
Una de las curas para revertir los males es la acción.

—Harry Emerson Fosdick

Es a través del trabajo, en lugar de jugar,
donde los jóvenes pueden evitar la pereza física y moral
que los lleva a la ociosidad, y endurecen suficientemente
sus músculos espirituales para poder cargar las
responsabilidades de un adulto.

—Judge William G. Long

Empezando la casa por el tejado

Un niño está enfermo, muy enfermo. Sus padres lo llevan al doctor más cercano, quien es un extraño, porque el médico de la familia está fuera de la ciudad. Él hace lo que su conocimiento médico y experiencia le dicen, para salvar la vida del niño. Pero a la mañana siguiente el niño está muerto. El papá está en agonía, lo asechan varias dudas, ¿hizo bien al llevar al niño con un doctor desconocido? ¿Fue víctima de un diagnostico erróneo y por consecuencia de un tratamiento incorrecto? ¿El niño hubiera vivido, si lo hubiera llevado a un hospital, donde hubiera habido una mejor atención? ¿Era culpable de una acción imprudente? ¿La muerte del niño se debió a eso?

Veamos otro caso. Tengo un amigo que fue contratado en la ciudad, él tiene un primo en la aldea y quería un cambio. Mi amigo lo llevó a la ciudad y le consiguió un trabajo en una tienda. Una semana después, hubo un accidente, una viga de hierro se colapsó y se estrelló contra el piso de la tienda. El primo de mi amigo, quien estaba trabajando en la parte de abajo, murió instantáneamente. ¿Te puedes imaginar claramente los sentimientos de mi amigo, y los sentimientos de los padres del hombre muerto? ¿Habría vivido en paz en la aldea, si no hubiera sido llevado a la ciudad?

Ahora, bajo esas trágicas circunstancias, ¿qué consuelo tienen la ciencia y tecnología que ofrecer? La consolación se encuentra exclusivamente en cómo y lo qué se piensa. Estarás de acuerdo que la actitud más inteligente y práctica a tomar sería la de ver todas las cosas de esta manera. "Hice lo que pensé que era mejor, el resultado no está en mis manos". De hecho, Abraham Lincoln, cuando fue aplastado por el peso insoportable de la responsabilidad, al tomar una decisión trascendental, se dijo que hizo exactamente lo mismo. Veamos a través de las palabras de Lincoln: "Le dije a Dios que yo había hecho todo lo que pude y que ahora el resultado estará en sus manos, que si este país sería salvado, era porque así lo quería. La carga salió de mis hombros, mi intensa ansiedad se fue y en su lugar llegó una gran confianza".

En lugar de aplicar ese pensamiento en un incidente aislado, o después de que algo haya sucedido, ¿considerarías impráctico tomar esa actitud?: "Yo haré todo lo mejor que pueda, con lo mejor de mis habilidades y mi mejor juicio. No seré juzgado indebidamente si el resultado no resultó ser exactamente lo que yo había querido, ni me pondré eufórico si mis esfuerzos fueron un éxito fenomenal".

Desafortunadamente, siempre empezamos la casa por el tejado. Desde el principio nos apasionamos por el resultado.* Nosotros movemos todos nuestros recursos para el ataque. Nos tensamos, trabajamos ansiosamente por el resultado. Las dudas nos asechan mientras no estamos seguros del éxito. Entonces toda la alegría que normalmente deberíamos de experimentar, en el intento de estarlo haciendo de una manera relajada y pacífica, se pierde. Hasta el final, hay una ansiedad sobre la expectativa del resulta-

* Como nación, nos inclinamos a pensar estrictamente en términos de resultados. Recuerdo que, hace varios años, cuando yo era un arquero entusiasta, estudié un manual de tiro con arco japonés que compré en Yokohama que estaba traducido. Bajo el sistema japonés, un tiro al blanco contaba como 50 por ciento en el marcador. Un arquero se ajustaba a las leyendas tradicionales del deporte, la forma en la que lances la flecha, cuenta el otro 50 por ciento. En el tiro con arco de América, un hombre puede estar recargado en su espalda, el arco en los pies, puede soltar la flecha con los dientes, y si hace un tiro al blanco, su disparo aún cuenta 100 por ciento.

Adoramos los resultados.

—Earl Stanley Gardner

do. Si el final no es exitoso, nos bloqueamos, y estamos desgarrados. Todo el problema y la ansiedad que pensamos, es únicamente justificada si los esfuerzos terminan en el éxito. Tenemos que emprender otro trabajo (otra palabra para esfuerzo) en nuestra vida diaria. Trabajo de varios tipos, algunos importantes otros no tan importantes, algunos de corta duración, algunos de larga duración, los resultados esperados no son siempre en la misma magnitud, aunque el proceso sea el mismo. Por lo tanto debemos dirigirnos a todos los trabajos de la misma manera, "con actitud positiva".

Eso no significa que seamos indiferentes. Sólo evadimos el estrés, la tensión. No podemos esperar siempre encontrarnos con el éxito y la euforia resultante.

No podemos esperar disfrutar solamente la parte placentera y evadir la que no lo es. Una o la otra, siempre está a la vuelta de la esquina. Es obvio que estar preparado para ambas es la única forma sensible y racional de mantener la tranquilidad. ¿Eso es indiferencia?

Lo que siembras cosechas

Hemos oído hablar mucho sobre los fines y los medios, a veces el fin justifica los medios. Cuando no nos apegamos apasionadamente al resultado, se puede asumir que no habrá que recurrir a medios no deseados. ¿No es de sentido común?

Lo que siembras, cosechas. Así de claro. Aún vemos en nuestras vidas algunos instantes donde la recolección de la cosecha, no parece ser proporcional a lo que sembramos. Pequeños esfuerzos a veces son recompensados con un éxito inusual, y en ocasiones muchos esfuerzos sinceros a veces parecen ser en vano. ¿Por qué será así? Contrario a la noción popular, los resultados no son directamente proporcionales a las acciones. Hay varias fuerzas en el trabajo para neutralizar el resultado directo. Eso no quiere decir que cada acción no tiene un resultado exclusivo propio. Por ejemplo, Bill Clinton fue elegido presidente de los Estados Unidos de América, derrotando a su rival, George Bush. Como puede verse fácilmente, es la culminación de una serie de una cadena de acciones, no sólo del Sr. Clinton, sino de varios otros, cada uno de los cuales por sí mismo no hubiera podido poner a Clinton en la Casa Blanca. También es muy difícil, incluso imposible, establecer claramente cuál fue la acción que atrajo ese resultado.

Como ya lo mencionamos, estamos convencidos que cosechamos sólo lo que sembramos. ¡Naturalmente! En el lenguaje inimitable de la Biblia, ¿acaso se recogen uvas de los espinos o higos de los cardos? Así, todo buen árbol da buenos frutos, pero el árbol corrupto, da malos frutos. En esta analogía, cada uno tiene una fruta más o menos definida. También está claro que las buenas acciones generan buenos resultados y las malas acciones generan malos resultados. Pero aquí de nuevo, lo bueno y lo malo son términos relativos. No es improbable que algo malo pueda resultar en un hecho "bueno". ¿Extraño? Supongamos que "ayudas" a un amigo que te pide unas joyas prestadas, con ellas compra algunos estupefacientes y se inaugura en la carrera de drogadicto. ¿Cuál ha sido el resultado de tu "buena" obra, de tu "ayuda"?

Hay otro aspecto en el problema. Todos los eventos tienen una causa y efecto entre ellos. Una acción, es a la vez, una causa y un efecto. Un árbol ha "creado" la semilla y la semilla a su vez ha "creado" un árbol. ¿Qué fue primero, el árbol o la semilla?

Para evitar resultados buenos o malos, se podría decir que hay que abstenerse de todas las acciones. ¿Es posible?

El mundo llegaría a su fin si todo el mundo se abstiene de trabajar, pero todos tenemos que trabajar. El trabajo no es, o no debería ser, una maldición, por ser una obligación.

La palabra "Dharma" tiene una gran variedad de significados, una es "obligación", pero la obligación en el idioma inglés tiene una connotación desagradable."La obligación", es algo que se tiene que hacer, pero que, en general, no queremos hacer. Sin embargo, en el sentido budista, es la próxima cosa que hay que hacer, y los niveles emocionales de gusto y disgusto no aplican. Uno sólo lo hace.*

—Christmas Humphreys

Nuestro trabajo tiene que ser realizado. La necesidad de tener que trabajar sin descanso puede esclavizarnos. Pero tenemos que dedicarnos a trabajar de tal manera, que no sólo no nos esclavicemos, sino que en realidad nos independicemos.

Déjame hacer mi trabajo día a día,
en el campo o el bosque, en el escritorio o el telar,
en un mercado ruidoso o una sala tranquila,
déjame buscar en mi corazón para decir,
"este es mi trabajo, mi bendición, no es mi castigo,
de todos los que viven, yo soy el hombre quien
ésta labor puede hacerla mejor y de la mejor manera".
Entonces no lo veo, ni demasiado grande, ni pequeño,
para satisfacer mi espíritu y para demostrar mi capacidad,
me alegro de mis horas laborales y
alegre estoy cuando las largas sombras caen,
para jugar, amar y descansar,
porque sé que mi forma de trabajar es la mejor.

—Henry Van Dyke

❑❑

* Cuando un hombre estúpido está haciendo algo de lo que se avergüenza, él siempre aclara que es su ¡obligación!

—Bernard Shaw, *Caesar and Cleopatra*

4

El trabajo en uno mismo - II

Justamente renunciar a la acción, nos trae la libertad;
justamente actuar nos brinda libertad;
ambas son mejor "que huir".

—El Bhagavad-Gita

Esperando algo a cambio

Hemos tocado el concepto del "presente" en este mundo, donde cada acto es tomado en cuenta como la transacción comercial en una venta. En otras palabras, todos somos comerciantes ¡vendiendo cosas diferentes para un beneficio! Eso sí, un comerciante no puede continuar en los negocios si da su mercancía sin aumentar el precio de lo que le ha costado, si lo compró inicialmente para la reventa. Supongamos que eres el propietario de una mina de carbón. Para obtener el carbón de las minas, te cuesta cierta cantidad. Así que, simplemente no puedes darte el lujo de vender el carbón a ese costo y mucho menos a un menor costo: estás en el negocio de la minería del carbón para obtener un beneficio. No hay ni que decirlo

Consciente o inconscientemente, o por la mera fuerza de la costumbre, tenemos esta actitud de comerciante en todas nuestras actividades, ¿qué ha sucedido? Nosotros esperamos algo a cambio para cada cosa que hacemos. Si amamos, esperamos ser amados, si ayudamos, el hombre al que ayudamos debe pagarlo, al menos en agradecimiento. Somos decentes y corteses, porque esa es la única manera en la que podemos esperar que los demás lo sean con nosotros. Esta expectativa de tener algo a cambio es un círculo vicioso, nos convertimos en esclavos desde el momento en que no somos capaces de hacer algo, excepto esperando algo a cambio.

Ahora, ¿cuál es la salida? ¿Cómo romper este círculo vicioso? ¡Todo el mundo espera un beneficio de todo lo que hace o da! ¡Entonces será un comercio curioso de verdad! Un comerciante acaba de regalar su mercancía sin cobrar ningún precio, ¡por no decir sin fines de lucro! ¡El milagro: por una vez dejó de ser un comerciante! Supongamos que hay un montón de naranjas creciendo en tu jardín, mucho más de lo que tú necesitas para ti y tu familia. (Esto no aplica si eres un productor de naranjas de profesión.) El excedente lo distribuyes gratis ¿Eres un perdedor por ello? Aparentemente sí, realmente no. Supongamos que cada uno guarda para sí mismo sólo lo que necesita y distribuye el excedente a otros gratis. Puedes imaginar que no habría caos en el mundo. Esto es así, porque en un mundo, donde todo el mundo es un comerciante, nadie puede pensar en dar algo gratis. ¡Ése es el problema de este mundo!

Bueno, estamos viviendo en un mundo que ha establecido convenios, y si no los observamos, nos volveremos locos y probablemente moriremos de hambre. ¿Entonces no vamos a limitar este comercio, aunque sea en una mínima parte? ¿Qué significa eso?, te preguntarás, naturalmente. Todos estamos familiarizados con el movimiento cooperativo. En una sociedad cooperativa o tienda, que está comprando, que está vendiendo. ¿Quién está dando un beneficio y de dónde provienen los beneficios? Todas estas soluciones son hechas por los miembros. Debemos desarrollar esta actitud de los miembros, tú y yo. Estamos comprando, nos estamos vendiendo, estamos haciendo un beneficio nominal que nosotros mismos compartiremos al final.

La forma de salir

Sólo intenta esto. Cuando ames a alguien no esperes ser amado (pero la belleza es que normalmente no puedes dejar que la otra persona te deje de amar, sin embargo, hay que olvidarlo), sólo no te preocupes si te aman o no. Si estás en un puesto de trabajo, piensa que estás haciendo algo noble como un servicio a tu prójimo, olvida que estás trabajando por un sueldo. Considera que Dios te está proporcionando los medios necesarios para seguir adelante. En tu mente separa el trabajo de tu sueldo.

Es sólo al asociar estos dos conceptos cuando empiezas a discutir primero contigo mismo, y más tarde con tu patrón, si se te paga o no adecuadamente por el trabajo que haces. También dejarás de ser holgazán con tu tiempo en tu lugar de trabajo, ya que no tendrás la satisfacción de que por no hacer el trabajo estás recibiendo lo mejor de tu patrón. Holgazanear es una forma sutil de hacer trampa, porque se obtiene el salario y no se trabaja a cambio.

Como hemos visto, todos tenemos que trabajar, no hay escapatoria. Incluso sólo para existir, tenemos que respirar, comer, dormir y así sucesivamente. ¿Hay alguien que nos pague por estas actividades? ¿Por qué? Porque estamos haciendo estas cosas por nosotros mismos y, naturalmente, no puede pagarse uno mismo. Aquí viene el concepto de deber. Tiene que ser hecho para beneficio propio y sin ponerle ningún tipo de etiqueta como "agradable" o "desagradable". Entonces, ¿por qué no hacerlo con alegría y de la mejor manera que podamos?

Tenemos que recordar que cada uno de nosotros es una parte de este mundo. El mundo no es algo aparte de nosotros. Si hacemos algo para el mundo, en realidad lo estamos haciendo para nosotros mismos. En lugar de simplemente decirnos que debemos cumplir con nuestro deber sin esperar ningún beneficio, es mejor recordar que lo que estamos haciendo es para nosotros mismos, es decir por nuestro propio bien.

Una de las mejores maneras de mantener el cuerpo y mente saludables, es involucrándose uno mismo en un trabajo productivo y útil, y con la actividad hacemos ejercicio, tanto para el cuerpo como para la mente. Nos olvidamos de nosotros mismos y somos uno con el trabajo cuando nos concentramos en él. No hay tiempo para preocuparse ni para la introspección. Si un hombre piensa todo el tiempo en tener algo a cambio, la cantidad y calidad de su trabajo no es muy buena. Exclusivamente la concentración hace un trabajo satisfactorio, tanto en cantidad como en calidad. Su habilidad crece. Su utilidad para la sociedad crece. Por lo tanto es más fácil ver nuestro trabajo como un servicio a la sociedad y el mundo.

Esa es la magia que surge de no estar a la expectativa de una recompensa o algo a cambio. Se convierte uno en un trabajador para el bien del mundo. ¿Y va a perder algo con ello? Por el contrario, gana en todos los aspectos: físicos, mental y materialmente.

❑❑

5

El trabajo en uno mismo - III

Quédate quieto, que no es necesario viajar lejos,
para encontrar lo que buscas.

—Cardenal Newman

Conjunto de dos fuerzas

Como ya hemos visto, el resultado o la reacción de un acto está latente en sí mismo, al igual que el árbol está latente en la semilla. Según actuamos, el resultado o la reacción irá por etapas, a veces simultáneamente, a veces inmediatamente después de la acción y a veces más tarde. Cuando se le hace al agua una electrolisis, el hidrógeno y el oxígeno son liberados de forma simultánea. Cuando comemos calmamos nuestra hambre en cuanto consumimos la cantidad suficiente. Cuando sembramos una semilla, brota después de ciertos días.

Pero en ocasiones el resultado puede ser retrasado o incluso suprimido. Eso no va a desmentir la ley de que el resultado o la reacción están latentes en el acto mismo. Si la semilla se siembra, es posible que no acabe de brotar. Esto no significa que el árbol no está latente en la semilla. Tal vez algo pudo haber "sucedido" para impedir la "reacción". La semilla no podría haber sido obtenida de una fruta madura.

El suelo, el clima u otras condiciones pudieron no haber sido favorables para que la semilla germinara. Pero estas causas no son evidentes. Por ello, en algunos casos, los resultados no son los que esperamos. Dos conjuntos de fuerzas están trabajando simultáneamente, uno a favor y otro en contra. No estamos seguros de cuál de los dos prevalecerá al final, el resultado tampoco es "seguro". En muchas ocasiones esto puede llevarnos a pensar en malas conclusiones.

Un refrán popular sánscrito dice: "Dios no recompensa a un hombre por sus buenas acciones y tampoco castiga los malos actos". La idea es que, como se explicó, cada acto en sí mismo provoca una reacción o un resultado, también hemos visto que una causa es a la vez un efecto. Por lo tanto, no hay necesidad de que Dios intervenga para lograr cualquier resultado. Esta declaración debe ser tomada sin perjuicio de la teoría de la gracia a la que tendremos la ocasión de referirnos más adelante.

Los resultados de las acciones se pueden clasificar como (a) compensación, (b) retribución, (c) recompensa y (d) castigo. En el esquema de la naturaleza, hay una compensación por todos los sacrificios realizados. Un hombre que se divorcia y queda soltero, puede perder el amor y el cariño de su esposa y sus hijos. Sin embargo, la compensación es que se libera de las responsabilidades que tiene al ser la cabeza de una familia. Del mismo modo, un hombre que se casa, tiene una compensación por medio de una mejor atención y comodidad por el sacrificio que hace por compartir sus recursos con su esposa e hijos. Más o menos se puede decir que la compensación es el privilegio de la naturaleza.

Todos estamos convencidos de que un acto, bueno o malo, trae felicidad o pena en su debido momento, si no ha seguido su curso. Este supuesto tiene toda la razón, todo depende de nuestro juicio de lo que para nosotros son buenos o malos actos o resultados, a menudo depende de nuestro propio interés. Todo lo que no sea de nuestro agrado o de nuestro interés, inmediatamente nos hace creer que debe estar equivocado. El concepto de "justicia poética" se basa también en esta teoría de la retribución cuya expresión es aplicada más a menudo a los efectos de las malas acciones o de los malos, aunque es igual para el caso de los actos buenos o nobles. La retribución es directamente asociada con el acto.

Evaluación de los resultados

La recompensa y el castigo tienen un agente externo en la evolución de los resultados de un acto en particular. Por lo tanto, la autoridad para decidir si un acto es bueno o malo también se basa en la autoridad externa. Ese es el reino de la justicia y la ley. Cada época, cada país, cada comunidad y sociedad tienen sus propias leyes, y los cánones de la justicia, y la jurisprudencia. En tiempos antiguos los llamados herejes fueron quemados en la hoguera. En nuestro mundo actual hay lo que conocemos como las leyes de tránsito que eran desconocidas en otros tiempos. El Islam tolera la poligamia, mientras que la mayoría de las religiones hacen cumplir una norma, "la monogamia". Los británicos, durante su gobierno, encarcelaron y ejecutaron a muchos indios. Para los gobernantes británicos, los actos de rebelión eran traición a la patria, mientras que para los indios eran deberes patrióticos y heroicos. Estas acciones son juzgadas por sus resultados sobre la base llamada justicia, que es vista en una esfera limitada.

A la vista de estos distintos organismos, que parece que nos amenazan por todas partes, con graves consecuencias por nuestros errores y que nos obliga a estar vigilando nuestras acciones, podemos tener la comodidad en el hecho de que para un hombre normal de inteligencia media con determinación, es bastante fácil llevar una vida pacífica y feliz, sin contravenir a las leyes de cualquiera de las fuerzas. De hecho, sólo un criminal debe temer a un policía, el que es un ciudadano respetuoso de la ley, no debe preocuparse; cuando nuestros actos rompen alguna regla, la ley establece las consecuencias que tiene que pagar por ese mal acto.

Uno podría preguntarse acerca de la existencia de tantos delitos detectados y cómo quienes hacen el mal en estos casos, al parecer, escapan de las manos de la ley y de los mecanismos de la justicia. Ya hemos visto el trabajo de la retribución en tales casos. No detener a un delincuente ciertamente deja una laguna, pero el ciudadano rompió las leyes, no sólo por miedo al castigo en la detección. También se ha construido un cierto mecanismo en sí mismo, que le sirve de guía al decirle de improviso lo que está bien y qué está mal, desde un punto de vista determinado. Esto se llama "conciencia", que ha sido diversamente denominada como la "voz interior", o el "Dios interior" y así sucesivamente. Una vez más, lo contrario a la noción popular. La conciencia no es una guía infalible, ya que es, en gran medida, el producto de nuestra educación y crianza. Está condicionada por nuestros pensamientos, los ideales y el impacto de las sociedades y los cánones de la ética y la moral, adaptados por el razonamiento de cada individuo. Por tanto, es peligroso confiar en la exactitud de lo que nos "dicta la conciencia."*

* La conciencia en sí, funciona de manera muy similar a una computadora, las respuestas que da una computadora son de confiar, sólo si se metió la información correcta en ella antes de darle a resolver los problemas. De la misma manera, si sus creencias básicas son sólidas, la conciencia se convierte en una valiosa guía para decidir lo que es bueno

El tratamiento del tema de la conciencia aquí necesita un poco de análisis. Por lo tanto, tomemos un ejemplo. Cuando Mahatma Gandhi (a quien el difunto Dr. Haines Holmes, el ministro cristiano americano, lo declaró en su cátedra en 1922 como el hombre más grande del mundo), fue asesinado en enero de 1948, la humanidad se horrorizó. Sin embargo, fue muerto a tiros por un joven hindú, que posiblemente creía que su "conciencia le había dictado" que debía "eliminar" a una persona a quien consideraba una amenaza para su religión. Es probable que haya creído que su conciencia le decía que estaba cumpliendo con su deber por su religión o por su país. Sócrates, el más antiguo de los filósofos y uno de los hombres más sabios de todos los tiempos, fue condenado a muerte por aquellos que probablemente creían que estaba corrompiendo a la juventud de su época, mediante la catequesis con ideas ¡peligrosas! Estos ejemplos son mencionados sólo para demostrar la posibilidad de los errores que la conciencia de un individuo puede tener.

El resultado es automático

Hemos escuchado mucho acerca de "un alma liberada", un hombre incluso en esta misma vida "se ha convertido en perfecto". Uno de los aspectos o atributos de un hombre es que lleve a cabo sus acciones, sin tener que pesar cada una de ellas y que siempre hace lo correcto o beneficioso. Puede que no dudemos en cuanto a que un hombre siempre pueda hacer las cosas bien. Esto, de nuevo, porque

---

y malo. Pero si sus creencias básicas no son sólidas, su conciencia puede ser engañosa.

—Maxwell Maltz, MD
Libera tu verdadera personalidad

tenemos ideas diferentes sobre la vida en general. Por lo tanto, tomemos un ejemplo concreto para tener el concepto de la acción correcta de un automovilista. ¿Quién es un conductor exitoso? Uno que usa su vehículo para transportarse diario, sin romper ninguna de las leyes de tránsito, sin lastimarse él mismo, su coche, a otros y que lo mantiene en buen estado la mayor parte del tiempo.

Tendrás que admitir que ese conductor es más bien la excepción. ¿Cómo logra esto? Él no se preocupa demasiado en involucrarse en accidentes ni en romper las leyes de tránsito. Él sólo ejerce un control en todo momento de una manera relajada y está manejando atento, el resto de los resultados son en automático.

Del mismo modo, si nos concentramos en cada momento y estamos comprometidos en actos rectos y beneficiosos a medida que avanzamos por la vida, todas nuestras acciones, horas, días y años serán protegidas de forma automática contra las trampas. Cada momento es precioso, es sagrado. Es nuestra salvación o nuestra perdición. Lo dicho aquí no es para creer que no hay necesidad de mirar hacia adelante. Por el contrario, todas nuestras acciones están orientadas a alcanzar nuestro objetivo, que se logrará sin la ansiedad o preocupación, si hacemos nuestro trabajo de la manera correcta. El secreto del alma liberada es el siguiente: Después de un periodo de ver "cada momento", la perfección se convierte en un hábito, algo sólido. El pecar te desvía justo a un accidente de tráfico en el viaje de la vida. Un buen conductor es raro que esté implicado en un accidente y conducir no es una ocupación peligrosa, como dicen los seguros de vida. De la misma manera, también nosotros podemos ser a prueba de accidentes en el camino de la vida cuando sabemos nuestro objetivo, la mecánica de la vida y nos mantenemos atentos, concentrados en el trabajo de cada momento.

En palabras de William James, un gran psicólogo americano:

> *Que nadie se angustie por el resultado de su educación, sea cual sea. Si se mantiene enfocado en cada momento de la jornada de trabajo, puede dejar el resultado final por sí mismo.*

Y Emerson dijo más o menos lo mismo:

> *No pierdas la vida en dudas y temores, mejor pasa tu tiempo dando lo mejor de ti, asegurarás el correcto funcionamiento de cada momento y será la mejor preparación para las horas y años venideros.*

Resumen

En los tres capítulos anteriores hemos cubierto un terreno enorme, que vale la pena resumir aquí en las siguientes conclusiones o puntos:

1. Hacemos el trabajo que está a la mano. Por la concesión de algún extraño (si te sumergieras, no sería tan extraño) una obra en particular nos es dada para hacerla nosotros.
2. Dar lo mejor de nuestra capacidad y de la mejor manera posible.
3. Mientras estamos cumpliendo con nuestro deber, debemos evitar la sensación de que estamos "ayudando" a alguien. Estamos haciendo lo que debemos, sin ponerle la etiqueta de agradable o desagradable.
4. Evita el apego excesivo o ansiedad innecesaria sobre el resultado.
5. No seamos indiferentes a la acción, método o resultado, sólo evita el júbilo ante la perspectiva de éxito y la depresión ante la perspectiva del fracaso.

6. No tomes el mérito del éxito o la culpa del fracaso sólo para ti mismo, toma en cuenta el hecho de que hay varios factores que contribuyen a los llamados éxitos y fracasos.
7. Al ser contratados constantemente en el beneficioso y necesario trabajo, somos conscientes de que no sólo evitamos los inconvenientes de ser ociosos, sino también nos ayuda a desarrollarnos más hacia asignaciones nuevas que vendrán a nosotros automáticamente.
8. Con la correcta aplicación de energía, tanto física como mental, recorremos un largo camino, al igual que el dinero que ganamos va a recorrer un largo camino, si lo gastamos juiciosamente. La energía, como el dinero, no es sólo algo para ser guardado o gastado. Debe ser gastado en lo correcto, en la proporción correcta, en el momento adecuado.
9. Esto da como resultado la perspectiva en la aceptación de la vida con todos sus aspectos luminosos y oscuros y no en la resignación. La aceptación es un enfoque positivo, mientras que la resignación es negativa. Hay un matiz de desesperación en la resignación, mientras que los medios de aceptación le dan la bienvenida a cada momento, independientemente si nos agrada o no.
10. En resumen, las ideas de las tesis en estos capítulos representan;
    (a) La filosofía de trabajo.
    (b) La Ley de Trabajo y Acción resultante.
    (c) La trayectoria de trabajo como medio para la Liberación.

❑❑

6

Una recomendación para los de mente estrecha

Nuestra propia insuficiencia es lo que vivimos en una fracción de nosotros mismos. En un "yo" estrecho, en una visión estrecha, en el tiempo, en la creencia de que el material del universo del momento es todo. El perfeccionamiento de uno mismo, el logro de la unidad, está relacionado con el cumplimiento del deber ser, que significa, empezar con una superación de nuestra estrecha visión temporal, de modo que ahora podemos comprender mejor el consejo de pensar en la vida como un todo en un movimiento hacia la "vida eterna". Pero la vida es sólo una pista de la plenitud de las cosas.

—**Maurice Nicall**

Algunas bendiciones a veces llegan disfrazadas

Es tarde. Una joven se está preparando para ir a una fiesta, ella conocerá a mucha gente, algunos de ellos serán sus admiradores. Ella está feliz anticipando una tarde agradable, con muchas cosas ricas para comer y beber, música y baile, es un pequeño progreso para encontrar un marido adecuado. ¡Pero, mira! Un instante después, ella está en agonía, retorciendo las manos de la desesperación, ella pierde el control y llora. ¿Por qué? ¿Qué pasó? El cielo se ha nublado de repente y está lloviendo, la lluvia se está poniendo más fuerte, su vestido es seguro que se moje. La lluvia va a estropear la fiesta. Es muy probable que incluso pueda ser cancelada, maldice a la inesperada lluvia.

Ahora bien, esta chica que maldice la lluvia, está pensando solamente en su fiesta y su propio placer. Por lo tanto, el fenómeno natural se ha convertido en indeseable. Si sólo pudiera entender que es realmente bienvenida por los agricultores y que no es anormal la lluvia en esa temporada, ¿lloraría?

Tomemos otro caso. Has comprado un reloj fabuloso después de una gran búsqueda. Estás orgulloso de ello. Te pones el reloj y te vas caminando con la cabeza en alto, mirando a todos lados, esperando que otros noten que tienes un excelente reloj. Tus amigos, por supuesto, se han dado cuenta y te están preguntando sobre su precio, justo en ese momento un hombre desconocido te pregunta la hora, con gran satisfacción, miras el reloj y le dices: "es la hora correcta". Pero el hombre responde sarcásticamente: "¿Usted llama a eso un reloj? La hora correcta no está en ningún lado sin importar lo que indique. ¡Debería de tirarlo en la alcantarilla!" ¿Cuál es tu reacción? ¿No sentirías que te ha humillado imperdonablemente? ¿No tienes ganas de romperle la cara a ese tipo? Sin embargo, consideras lo que estaba haciendo en la realidad. Él sólo hizo una observación sobre un objeto mecánico. Supongamos que la observación se la hubiera hecho al vendedor mientras que el reloj estaba en el exhibidor, antes de que lo compraras. ¿Te hubiera molestado en lo más mínimo?

Una vez me enfermé gravemente. Me convertí en un hombre débil, un joven con mala salud de apenas veinte años. Llamé a un buen médico, que tenía una excelente reputación y era muy hábil en su profesión. Me examinó y cuando yo esperaba que me dijera "pobrecito" por mi condición, sonriendo me dijo: "Debes dar gracias a Dios de que estás tan mal". Me quedé perplejo: ¿Gracias a Dios de que estaba enfermo? Por favor, ¡piensa en ello! Pero me cuidó bien y de pronto todo el panorama cambió. Después de esa rachita de mala salud, nunca he vuelto a tener ninguna enfermedad en más de dos décadas. Tendrás curiosidad (como yo la tenía en ese momento) de saber lo que el médico quería decir cuando hizo esa declaración aparentemente extraña. De hecho, le pregunté unos años más tarde y, sorprendentemente, no había olvidado su observación. "Bueno", respondió, "algunas bendiciones a veces llegan disfrazadas. Tu habías descuidado tu salud, al parecer, por mucho tiempo, así que había llegado a una etapa en la que tenías que darle el cuidado que necesitaba". Que fue, sin duda, cierto.

¿No es curioso cómo nuestro ego pinta de colores las cosas externas y distorsiona su verdadera forma? En los casos mencionados, el desagrado de la lluvia, la amargura de la crítica del reloj y el aguijón en la observación casual del doctor, fueron causados por una cosa: la falta de desprendimiento. O, para decirlo de otra manera, la falta de una perspectiva adecuada. Por lo general, es culpable de nuevo el pensamiento limitado. Para obtener la perspectiva adecuada, uno siempre tiene que pensar y analizar. Tenemos que profundizar. Esa manera de pensar no necesariamente tiene que estar involucrada ni tiene que ser sofisticada. Podemos obtener resultados con una perspectiva correcta y una forma de pensar simple y directa como lo hace un niño. De hecho, un hombre sabio ha sido comparado con un niño, un hombre loco, un borracho. Veamos lo que dice la Biblia:

A menos que usted se convirtiera en un niño pequeño, no entraréis en el Reino de los Cielos. Cualquiera que sea humilde como un niño, está en el Reino de los Cielos.

—Mateo XVIII-3

Todo aquel que no reciba el Reino de Dios como un niño, de ninguna manera entrará en él.

—Lucas 18:17

La idea es que los sabios son simples y directos, ven las cosas en contraste que como las ven los experimentados, adultos cultos y frívolos.

Los que serán hijos de Dios, deben tener buen cuidado de que sus palabras sean simples, claras, sinceras y sin engaños.

—San Francisco de Sales

Un borracho que se cae de un carro, aunque puede sufrir, no muere. Sus huesos son los mismos que los demás, pero él ve su accidente de una manera diferente. Su espíritu se encuentra en una condición de seguridad. El no está consciente de ir en el carro, ni es consciente de haber quedado fuera de él. Ideas de vida, muerte, miedo y similares, no pueden penetrar en su pecho, así que no sufre el contacto de la existencia objetiva. La seguridad la obtuvo con el vino, ¿cuánto más es lo que se tiene de Dios?

—Chuang Tzu

¿No es cierto que tengas una mente estrecha?

"Nada tiende tanto a producir grandeza de espíritu como la investigación cuidadosa de la conciencia en cuanto a la función de cada objeto, su valor en relación a la suma de las cosas y al hombre como un ciudadano en un estado más elevado en el que todos los demás están, por así decirlo, unidos como una gran familia ". Así escribió Marco Aurelio en su diario. Una discusión de sus "Meditaciones" sigue en uno de los próximos capítulos de este libro y nadie que haya hecho un estudio serio de sus necesidades, busca en otra parte una receta para curar todos sus males, ese sería un espíritu limitado.

A menudo acusamos a la gente común de tener mente estrecha. Incluso las personas altamente educadas y personas cultas, presentan esta debilidad en muchos de sus puntos de vista. Atribuimos una importancia excesiva a determinados aspectos de la vida, que una reflexión seria nos haría reír de nosotros mismos. Cuando un joven hace un gran alboroto sobre su amor por una chica en particular, el observador sonríe y dice como Bernard Shaw dijo. "¡Qué tonto al jugar su felicidad con un miembro del sexo opuesto!". Joad le dijo en tono de broma a nuestros jóvenes: no corran detrás de un autobús ni de una chica — ¡otro llegará en cinco minutos! Estamos más que dispuestos a caer en lo mismo al igual que nuestros vecinos. Estamos condicionados a la opinión de otras personas, para cada cuerpo hay una sensualidad y el mundo nos debe una gran cantidad de mimos, confort, comodidad, intimidad y estos son nuestros objetivos. Nos permitimos alterarnos por condiciones externas, para que nos den una sensación de bienestar, "euforia", como ya sabemos. Sin embargo, con un pequeño ajuste mental, nos podemos burlar del poder de los objetos externos o condiciones que afectan a nuestro equilibrio mental y a menudo a nuestro bienestar físico.

Mantener una perspectiva en equilibrio

¿Cuántos de nosotros conscientemente tenemos el cuidado de mantener una perspectiva en equilibrio mental? La moderación y la templanza son extrañas para la mayoría de nosotros. Tal vez somos capaces de lograr la moderación en asuntos de menor importancia como comer y beber, pero cuando se trata de pensar, probablemente, la moderación está muy lejos de nuestros pensamientos. Nosotros no pensamos o no nos damos cuenta de que es necesario. Sin embargo, el mundo o incluso el universo dependen del equilibrio. Metódicamente votamos por una extrema oscilación del péndulo. En un país próspero, como los Estados Unidos, ¿no es extraño que la labor del comunismo provoque tanto miedo? Ha habido una fobia similar para todo el capitalismo en los países comunistas.

El desapego es lo que necesitamos. Ser un observador, un testigo, incluso para los parloteos de tu propia mente.

Sólo quédate a un lado y mírate a ti mismo.
Piensa en ti mismo como "El", en lugar de "Yo".

—Strickland Gillian, *Mírate a ti mismo*

Recuerda como Marco Aurelio lo dijo: "¿No ves cómo algunas cosas son necesarias para que el hombre viva una vida feliz?, ¡como la vida de Dios!" Nadie sugiere que deberíamos acabar con las necesidades, incluso un lujo de vez en cuando, ya sea de la mente o del cuerpo. De hecho, es difícil trazar una línea entre lujos y necesidades. Hay una raya de verdad en la famosa sátira de Oscar Wilde "¡Dame lujos y voy a acabar con las necesidades!".

He aquí, comer, beber, vestir y otras necesidades pertenecientes al cuerpo, son una carga para el espíritu ferviente. Haz que yo pueda utilizar estas cosas con moderación y que no les tenga demasiado afecto. Pero que no me sean necesarias esas cosas superfluas, que tu ley las prohíbe, de lo contrario la carne crecería insolente en contra del espíritu. En todo esto, te pido que me dejes gobernar y dirigir tu mano, que no permitiré que se exceda.

—Imitación de Cristo

Esta necesidad de moderación es más aplicable a nuestros pensamientos. Vamos a retrasar deliberadamente el proceso de juzgar a los hombres, asuntos o cosas, incluso la más insignificante de ellas. "Que el tribunal suspenda todo juicio", "no juzgar para no ser juzgados": la estrechez de mente sólo puede desaparecer con el amanecer de una visión amplia, al igual que la oscuridad de la noche desaparecerá sólo con el amanecer de la luz del día.

❑❑

7

¿Tiene la castidad un lugar en el mundo moderno?

El hecho es que estamos enfrentando una lucha entre la orgía y el autocontrol, una vida promiscua y la vida familiar digna, una lucha que se ha librado una y otra vez a través de los siglos, el resultado del cual depende, si los seres humanos realmente van a ser, seres humanos o animales".

—Harry Emerson Fosdick

Cuerpo, el templo de Dios

Puede parecer incongruente referirme a este tema, en un libro sobre: "El éxito a través del pensamiento positivo". Sin embargo, su importancia será evidente cuando nos damos cuenta de que no se puede escapar al hecho de que este cuerpo físico, está destinado a ser el templo de Dios, exige y merece una medida definitiva de atención.

Jesús llamó al cuerpo "El templo del Espíritu" y parece haber llevado una vida sencilla para una salud óptima. Sin embargo, también contribuyó a la alegría en las bodas... Su inducción ciertamente indica que él no subestima la importancia del cuerpo.

—Muriel Wrinch, *Clave para vivir*

Cuando el éxtasis se transfiere desde el mismo templo a su ocupante, llamado Dios, nuestra vida entra en su lugar. Como dice Thomas A. Kempis.

No es válido, echar a todos,
por naturaleza debe ser apoyado.

Un santo ha llegado a una etapa en la que no necesita preocuparse por las tentaciones de la carne. Pero hay personas que tienen preocupaciones sobre las tentaciones de la carne. Pero los hombres y mujeres del mundo, que aspiran vivir una vida superior, se enfrentan con muchas distracciones, no sólo es el impulso sexual, del que dicen, el "animal en el hombre", "lujuria", "deseo carnal" y así sucesivamente. Incluso una gran alma como Gandhi, una vez confesó que al "animal que está dentro de él" ¡necesitaba estarlo cuidando!

Para hacer frente a cualquier problema, primero debemos tener una comprensión clara de lo que realmente es. Sólo el conocimiento puede salvarnos de las trampas y obstáculos de nuestro camino. Por lo tanto, vamos a analizar las consecuencias de llevar una vida casta o impura desde la perspectiva de los hombres y mujeres ordinarios.

¿Quién puede encontrar una mujer virtuosa? Su precio está muy por encima de los rubíes.

—Viejo Testamento

Mi castidad es la joya de nuestra casa,
encomendada a nuestros ancestros.

—Shakespeare, *Bien está lo que bien acaba.*

Parte importante en la vida de los hombres y las mujeres

La urgencia del sexo en el hombre es comparado con el fuego. El fuego ha sido aprovechado para servir a la humanidad de diversas maneras y su uso controlado siempre ha sido necesario y beneficioso en el día a día. Sin embargo, cada día oímos hablar de los accidentes de incendios y las peleas pasionales, causando sufrimientos indescriptibles, muertes y daños a propiedades. Del mismo modo, el sexo es el impulso primordial del hombre y es el medio de la preservación de la especie. Por lo tanto, sin duda juega un papel importante en la vida del hombre y la mujer, pero en forma desenfrenada es más devastadora en sus efectos que el fuego. El impulso sexual se asocia fundamentalmente con el instinto maternal. En la mujer se manifiesta como la ternura y el sacrificio de sí misma de manera espontánea, en una futura madre para el bienestar de sus hijos, y en los hombres, como una reacción de protección hacia los débiles y desvalidos.

También sabemos que la atracción mutua de los sexos, cuando se eleva a un plano superior, es un sentimiento sublime conocido como amor. Es el punto de partida en la creación de la invención originaria del hombre, la familia. Así como un gran país, para ser regido de manera eficiente, se divide en unidades más pequeñas, como los distritos o condados, el bienestar de la humanidad necesita una fracción menor, la unidad más o menos autónoma, conocida como la familia. El hombre escoge a una mujer para crear una familia como debe ser, como su esposa; hasta entonces formó parte de una fracción más grande. Cuando ha crecido a un tamaño determinado, tiene que formar su propia familia.

En cualquier caso el instinto sexual se asocia con el concepto de que la familia es lo más importante en cualquier civilización. El privilegio de la naturaleza, queda claro que está organizado de modo que todos los demás factores están sujetos a la idea central de la maternidad. Esto se puede observar incluso en las aves y todo el reino animal.

La función suprema y atracción mutua de los sexos

También es evidente que la mujer está hecha de la manera correcta para que pueda realizar la función suprema de tener hijos. La atracción mutua de los sexos, también, tiene la intención de reunirlos con el fin de la procreación. Pero no se puede negar el hecho de que no siempre se atraen el hombre y la mujer para la procreación. ¡Los niños parecen ser casi producto del apareamiento sexual! También en este caso no es de extrañar, puesto que como ya hemos visto, en el esquema de la naturaleza, cada esfuerzo o sacrificio tiene su compensación y el placer, que es casual, es un tipo de indemnización para ambos, hombre y mujer, para asumir las exigentes responsabilidades de la paternidad.

Sin embargo, hay que admitir que la belleza de la mujer ha sido representada considerablemente por los poetas, artistas y sensualistas simples. Sin duda, el propósito de la naturaleza se ha llevado hasta el extremo y el encanto femenino exaltado, a propósito, como un mero objeto o instrumento de placer de los sentidos del hombre. De hecho, si en la imaginación del hombre, "la feria del sexo" ha pasado a ocupar un lugar fuera de toda proporción de la realidad, es porque él es una víctima consciente o inconsciente —y, quizá, no una voluntad— condicionada a través de uno de los delirios del poeta sobre la belleza femenina, el tema del novelista en la ficción romántica, la glorificación de los artistas sobre el desnudo, el anuncio esteticista sobre el "atractivo sexual" de una mujer bien arreglada, pelo brillante, la perfecta complexión de "la chica sexy de la escuela", etc., y el énfasis en la acentuación de la ropa "efectiva" y la exposición de sus características sexuales secundarias. En la sociedad primitiva, el papel sexual de la mujer era un asunto privado, mientras que en el mundo actual, su "personalidad" está alrededor de sus rasgos físicos, con ciertos tipos y características los cuales han sido glorificados y llamados "atractivo sexual".

Es la opinión ponderada de los hombres, que deben saber que el descubrimiento de que la concepción no tiene por qué seguir al apareamiento sexual; ha tenido un profundo significado para el hombre y no carece de efectos perjudiciales para la moral sexual. La función de la maternidad ha llegado a ser un lugar de importancia secundaria y el sexo por placer ha asumido una importancia alarmante, que asciende a una obsesión. Los modernos métodos anticonceptivos tienen, como la fisión nuclear, dos aspectos totalmente contrarios. Uno el beneficioso y constructivo y el otro, nocivo y destructivo. Aunque no existe el lema "átomo para la paz", los horrores de Hiroshima y Nagasaki todavía están frescos en nuestras mentes. Del mismo modo, la anticoncepción, por un lado contribuye a la salud de la madre y los hijos, quitando el elemento "accidente". Por otro lado, promueve la sexualidad dentro y fuera del matrimonio y la promiscuidad, aunque previene el embarazo no deseado o inoportuno.

Otro hecho triste en el mundo de hoy, es que la mujer en diversas etapas de semidesnudez y desnudez completa, es vista como objeto de admiración para ver y contemplar. Ella está siendo explotada comercialmente para muchos propósitos, como aumentar las ventas a través de anuncios sexys y en la industria cinematográfica. La sexualidad ha sido sutilmente ligada a las ganas de toda mujer a ser atractivas para diversos fines, para conseguir un empleo de todo tipo, especialmente como modelos y estrellas de cine y, sobre todo, para conseguir un marido.

Así, con la complicidad activa, el hombre que afirma que se le ha dado amplia libertad a la mujer, la ha convertido en una esclava, la convirtió en su atracción y en artículo de mercancía. "¡El sexo y el atractivo sexual para la venta y las ventas!", parece ser el lema. El hombre la ha hipnotizado en la creencia de que es por su bienestar estarla explotando sexualmente. Una generación anterior, las mujeres estaban completamente vestidas, su libertad era "restringida" y su relación social entre los hombres se redujo al mínimo. Luego ¡como un siervo! Pero ¿cuál es la realidad? ¿La mujer es más libre? Cierto, al principio su libertad fue deliberadamente frenada, pero luego, ¿no fue expuesta a la explotación por parte de todos y cada uno?, esta restricción pretende ser más como una medida de protección para el bienestar del hombre y la mujer.

Todas las enseñanzas religiosas y morales están destinadas a reducir las tentaciones que no se pueden desaparecer. Es evidente que el sentido común, que siempre es mejor para eliminar la tentación, espera que haya suficiente fuerza de voluntad para resistir. Aldous Huxley escribió: "A las tentaciones de algún tipo, si se repiten con bastante frecuencia, la mayoría de los seres humanos que no son santos, casi inevitablemente, sucumben. Por eso, Cristo enseñó a sus discípulos a orar para que no caigan en la tentación. Este es, o debe ser, el principio rector de todas las reformas sociales para organizar las relaciones económicas, políticas y sociales entre los seres humanos, de tal manera que no lo sean para cualquier individuo o grupo dentro de la sociedad, reducir a un mínimo las tentaciones de la codicia, el orgullo, la crueldad y el ansia de poder. Hombres y mujeres son lo que son, es sólo mediante la reducción del número y la intensidad de las tentaciones que las sociedades humanas pueden ser, en cierta medida, al menos, liberadas del mal". En la antigüedad, nuestros antepasados se alejaban de la tentación mediante diversas restricciones cuando los hombres y las mujeres estaban demasiado cerca uno del otro, sobre todo en soledad.

La glorificación de la castidad

Ahora, vamos a ir directamente a nuestro tema, *la castidad*. La castidad se ha proyectado en forma natural como una virtud, tanto por los hombres como por las mujeres. Aún al más sofisticado de los hombres no le gusta casarse con una chica que no es pura. Mientras que los poetas exageran el atractivo femenino, al mismo tiempo han glorificado la castidad y han construido un aura de pureza alrededor de la virginidad, inocencia, belleza y nobleza. Tal vez esta sea la glorificación del estado de virginidad que está en la parte inferior de la idea de la "Inmaculada Concepción de Cristo, de la Virgen María".

Incluso médicos científicos han reconocido el lugar que le corresponde a la castidad en esta vida. La Dra. Isabel Emslie Hutton, MD, dice: "Es sólo por el riesgo de tener un hijo, que la mujer moderna, sigue siendo pura*, el nivel de hoy es en realidad bajo. La gran mayoría de las mujeres jóvenes siguen siendo vírgenes hasta el momento de con-

* Para que un científico pueda hablar de la "pureza" en este contexto, debe haber sido por intuición, porque la palabra castidad se deriva de la palabra latina Casto, ¡en el sentido puro!

traer matrimonio, por varios motivos, ideales, la familia y la opinión pública". Todo lo hecho en desobediencia de los principios morales aceptados, conduce a un sentimiento de culpabilidad y en consecuencia de complicaciones psicológicas. Esa es la razón por la que Friedrich Nietzsche dice: "No hay felicidad en cualquier cosa que hagamos, a menos que sea en beneficio y tenga la aprobación de la sociedad en que vivimos".

La castidad se basa esencialmente en el autocontrol y la autodisciplina. Al igual que muchas otras virtudes, es la expresión externa de disciplina interna. La Dra. Gladys M. Cox ha resumido la idea así: "La chica que ha sido acostumbrada a ejercer su propia disciplina en los asuntos ordinarios de la vida, es más probable que tenga el control de su vida sexual satisfactoriamente, en comparación con la otra, que está en gran medida, dispuesta o reacia, víctima de sus impulsos y nunca ha valorado la disciplina". Havelock Ellis, también ha descrito el instinto de la castidad de una manera muy sorprendente: "La castidad puede ser mejor definida como el autocontrol dentro de la esfera sexual... una vez escuchó a una chica de unos catorce años reprochándole a un compañero de la misma edad por su deseo: 'nunca has aprendido la abstinencia', replicó, 'es agradable'. Esa chica cuando crezca, no va a tener dificultad en entender la castidad. Es la manifestación de la templanza, de la Sofrosina* griega en la esfera del sexo. La castidad es una virtud independiente de todas las religiones y credos... Sobre una base puramente humana... la castidad ha sido y sigue siendo una virtud".

La castidad es una virtud sólo si la mujer lo ve de forma natural y no cuando se le impone por otros, especial-

* Sofrosina en la mitología griega, era un espíritu que personificaba la moderación, la discreción y el autocontrol.

mente si es por un hombre. Havelock Ellis dice nuevamente: "Cuando la castidad se transforma en un mero celibato obligatorio, deja de ser natural, de ser una virtud y de ser beneficioso. Su carácter esencial se pierde de vista". Refiriéndose a la máxima moderación, en particular impuestos por la religión o la sociedad, por un lado, y la licencia sexual desmedida por el otro, dice: "Estas oscilaciones son más o menos la desafortunada exageración de una virtud que aún no se ha apreciado. No sólo es exigida por el bien de mantener su dignidad humana. Más allá de eso, es esencial para cualquier arte y gracia del amor, así como ha sido el arte de tocar las cosas de sexo con las manos, recordando su aptitud para todos los extremos de la vida".

Regresando a la Dra. Gladys M. Cox: "Hay una tendencia en la actualidad para justificar y fomentar la falta de autodisciplina por motivos psicológicos. La psicología moderna es a menudo tergiversada en ocasiones con deliberada deshonestidad, dando una justificación para todo tipo de comportamiento indeseable. Oímos que es perjudicial reprimir un instinto natural y esto es especialmente potente en el instinto sexual. La sugerencia es que el acto mismo de la represión es necesariamente perjudicial. Una pequeña reflexión, seria, nos lleva a ver lo absurdo de tal afirmación. Todos nosotros, en nuestra vida cotidiana, experimentamos todo tipo de deseos e impulsos, algunos de los cuales son antagónicos entre sí y algunos otros nos llevan a fuertes conflictos con nuestros semejantes; sería casi imposible complacer todos ellos, por mucho que lo deseemos... es de mayor importancia resolver en tu propia mente si la incontinencia sexual es justificable (antes del matrimonio), pues un sincero deseo de contenerse, es de gran ayuda en la lucha a seguir adelante".

Las convenciones son el resultado de la sabiduría acumulada y la experiencia de generaciones pasadas, quienes han aprendido la lección y pagado el precio de sus errores. De hecho, es gratamente sorprendente oír a un miembro de la profesión médica, como a la Dra. Gladys Cox, decir... hay algo furtivo e indigno —la pérdida de la castidad—, acerca de la relación sexual no apropiada de una niña, ya que casi sin excepción llega al arrepentimiento de éstas".

La lealtad y la deslealtad

No se puede negar que la cuestión del divorcio está estrechamente relacionada con la castidad y la norma monogámica.* Si es aceptada voluntariamente la castidad como una virtud esencial, seguramente habrá una fuerte disminución en el número de divorcios, ya que una esposa fiel y virtuosa no anda pensando en otra persona, ni se fija en un hombre que no es su marido. Es un simple sentido común, que una vez que una mujer está decidida a ser leal a su pareja, toda su actitud mental está en sintonía con ese ideal, y por lo tanto se mantiene firme en todo momento. Es la falta de voluntad la responsable de las libertades que nos permiten que, paso a paso, conduzcan a la deslealtad de uno de los cónyuges y la contemplación como consecuencia del divorcio. Una vez más el aumento innecesario de un capricho pasajero que hace dudar a una mujer y que, a su vez, alienta a un hombre para aprovechar la situación.

Licencia sexual, a menudo se le da el nombre de libertad sexual, es donde la mujer se reduce al nivel de un ins-

---

* "Llego a la conclusión, según mi experiencia, que la castidad y la monogamia son gemelos. Ellos representan la dignidad de ambos, el hombre y la mujer".

—Ernest Gordon

trumento de placer, en vez de un digno ser humano. Los encuentros sexuales casuales fuera del matrimonio, son rara vez el resultado del respeto mutuo. Como Simone de Beauvoir en su libro *El segundo sexo*, tiene un penetrante análisis, porque el hombre es una especie de conquista o triunfo y para la mujer prueba de su "atractivo". No hay que olvidar que la mujer tiene un lugar respetado en la sociedad y en el hogar como madre, como hermana y como hija. En estas relaciones dejan de recibir el debido reconocimiento, tienen que mantener su dignidad y castidad y si no lo hace debe poner mucha atención y entender que su autoestima y su prestigio son incompatibles, como si tuviera una vida dudosa. Rara vez encontramos casos (claro, de la forma habitual) cuando un padre, un hijo o un hermano, o para el caso de una madre, una hija o una hermana de una mujer o ella misma, que se reconcilie con la desviación, desde el ideal de castidad o la constancia en la virtud en materia sexual.

¿Es coherente la castidad con el amor romántico y el matrimonio? Como ya se ha dicho, está estrechamente asociada a la monogamia y contenerse sexualmente antes del matrimonio. Según la forma que se practica en los países occidentales, especialmente Estados Unidos, la selección de un compañero comienza con "citas"; es un proceso inocente, uno tiene varias "citas" y "te enamoras", antes de que uno tome una decisión final. En cualquier intimidad extra-matrimonial, es el sentimiento del hombre y la mujer en cuestión del uno por el otro, más allá de sus mentes. Considerando que en el matrimonio, la consideración de los niños y su bienestar es lo que debe ser más importante. Como Bertrand Russell dice en su libro *Matrimonio y la moral*: "La opinión de que el amor romántico es esencial en el matrimonio, es muy anárquica y al igual que la de San

Pablo, aunque en un sentido opuesto, se olvida que los niños son los que hacen el matrimonio importante. Pero para los niños no habría necesidad de nada en cuestión con el sexo, pero tan pronto como los niños entran en el papel de marido y esposa, tienen un sentido de responsabilidad y de cualquier afecto por sus hijos, se ven obligados a darse cuenta de que sus sentimientos hacia los demás ya son de mayor importancia". Y no se olvide que Russell fue el primer heterodoxo que fue castigado por sus opiniones poco convencionales sobre el matrimonio, el sexo y la castidad.

El ideal de la abnegación es tan antiguo como la civilización. La eventual indulgencia en el sexo sin tomar en cuenta consideraciones de carácter religioso y moral es, por decir, un acto de egoísmo, mientras que toda la conducta civilizada, incluso la más insignificante de ellas, se construye alrededor del sacrificio. Aunque a uno no le gustaría ir al extremo teniendo relaciones sexuales exclusivamente para procrear, hay muchas razones para creer que es saludable, tanto para la mente como para el cuerpo, como para limitarlo a la relación dentro del matrimonio y también en la moderación. Después de todo, como un escritor muy bien dijo: "¡No hay nada fuera del matrimonio que no se pueda hacer dentro del mismo!" Dentro del matrimonio, los elementos que contribuyen a la tensión nerviosa, como el miedo a ser descubiertos, a darse prisa, a no terminar, la armonía y muchos otros factores disonantes son eliminados. El matrimonio es como una fortaleza, estar dentro de las paredes con salud mental, conciencia limpia y también el bienestar físico, pueden ser preservadas, liberar al hombre para dedicarse a su noble misión. De allí la santidad del matrimonio como un vínculo religioso y espiritual y el énfasis en la legitimidad de los niños cuyo acontecimiento cumple con el anhelo natural de la mujer para la maternidad.

No es extraño o accidental que la castidad es una virtud religiosa. La religión se esfuerza por elevar al hombre al reino del espíritu, subordinando el hambre de su cuerpo físico, que tienden a arrastrarlo hacia el abismo del ignorante egoísmo. Al comienzo de este capítulo, le pusimos legítima atención a nuestro cuerpo, pero poner excesivo énfasis en las funciones del cuerpo, sus necesidades, tanto reales como imaginarias, tiene varias implicaciones que se discuten en otro capítulo.

Incompatibilidad en el matrimonio

Mediante la norma monogámica, el resultado del matrimonio en segundas nupcias no es correcto en el concepto de la castidad. Segundas nupcias, donde se lleva a cabo a causa de la muerte de uno de los dos, sí es correcto, no obstante, será como un matrimonio ordinario. La incompatibilidad en el matrimonio es una frase que abarca una multitud de pecados. Si el matrimonio se considera un vínculo que uno fácilmente puede romper, en otras palabras, si la puerta para el divorcio y segundas nupcias es fácil de abrir, no habrá ningún intento serio por parte de una pareja aparentemente incompatible, para componer sus diferencias, para ajustarse entre sí y que pongan sus sentimientos individuales en favor del bienestar de la familia, como una unidad con sus hijos, que son los beneficiarios más importantes de la relación familiar. En la mayoría de los casos, no ocurre cuando hay uno descontento en la pareja, que puede tener una unión real de los corazones, incluso cuando ha habido una ruptura y el divorcio no es la solución a sus problemas, a pesar del hecho de que en algunos casos en que se ha divorciado alguno de los dos, pueden tener nostalgia, o tener nuevas nupcias después del divorcio, pero es frecuente que ya no vean a su pareja como la mejor opción.

El impulso sexual a menudo parece ser indiscriminado en la selección de la persona, pero en realidad ese supuesto no es compatible con la existencia ordenada de las sociedades humanas. Y la promiscuidad no es ninguna respuesta. Tampoco sería correcto creer que la indulgencia se satisficiera del impulso para apagar el fuego del deseo. Por el contrario, entre más libre sea la inclinación a las relaciones promiscuas, más grande será el anhelo. Es sólo por la moderación racional de sí por parte de los hombres y las mujeres que podemos tener la esperanza de mantener a raya los impulsos no saludables. Todos los esfuerzos de retención en la práctica hacen que el futuro de autocontrol sea más fácil. Como Shakespeare dijo;

Abstenerse esta noche,
hará más fácil la abstinencia siguiente
y las siguientes serán aún más fáciles,
para que, al usarlo podamos cambiar el sello de la naturaleza,
así reducimos al diablo o lo echamos fuera,
con una... potencia maravillosa.

—Hamlet

Lo que la castidad es a una mujer, la continencia, la gestión racional del impulso sexual es para el hombre. Casi todas las religiones son graves en el trato con el adulterio. Muchos de ellos afirman que* la sublimación del impulso sexual se transmuta en energía, prolonga la vida del hombre y le confiere extraordinarios poderes mentales y vigor

---

* "Aprende a transmutar tus emociones sexuales con la consecuencia de un objetivo principal definido, a voluntad, recordando que esta es una fuerza creativa de las posibilidades de lo desconocido, sin límites".

—Napoleón Hill-*Los diez mandamientos del nuevo éxito, marzo de 1968*

físico, además de permitir el logro de dicha concentración sin distracciones tan esencial para la vida espiritual. No es difícil comprender que hay una mayor necesidad de vigilia por parte del hombre, ya que él se encuentra protegido por la modestia natural y el miedo en el caso de la mujer. Su masculinidad agresiva (el animal en él) puede causar incalculable miseria si no está restringida por el ejercicio de su intelecto, es decir, el autocontrol, guiado por las convencionales leyes de la sociedad y la religión. Si, con restricciones mirando a la cara a cada paso, todavía hay dificultad para el hombre de acuerdo a mantener sus impulsos bajo control, podemos muy bien imaginar la anarquía que prevalecería si tuviera que vivir en una sociedad en la que él es libre de dar rienda suelta a su desenfrenada pasión elemental.*

Por otra parte, es de conocimiento común que los lapsos sexuales tienen una sensibilidad más fina, a su vez, lo hacen impermeable a la condena de la sociedad y la religión, tomando así el camino para una lenta, pero segura degradación. La historia registra que poderosos imperios y civilizaciones antiguas se desmoronaron una vez que las personas se perdían en el laberinto de la inmoralidad, especialmente el sexo, ignorando las objeciones de la sociedad o la religión. Comenzamos este capítulo con una frase del Dr. Harry Emerson Fosdick. No podemos hacer nada mejor que terminar esta parte con otra frase del mismo emi-

---

* "Un joven en ebullición de hormonas se preguntará por qué no se debe dar plena libertad a sus deseos sexuales. Si es guiado por las costumbres, la moral y las leyes, pueden destrozarle la vida antes de que madure lo suficiente como para comprender que el sexo es un río de fuego, que debe ser guardado y enfriado de varias formas".

—Will y Ariel Durant,
Las lecciones de la historia

nente, que ha significado para nosotros el eterno problema de esta manera: "La elección que tenemos ante nosotros no son nuestros impulsos naturales, debemos ser moderados y controlados, pero ¿cómo debemos hacerlo?".

❑❑

8

El significado del mérito

De cualquier cosa que hagamos debemos pagar el precio y el precio siempre es trabajo, paciencia, amor, autosacrificio, sin remuneración económica, sin promesas que pagar, sólo el oro del servicio de verdad.

—John Burroughs

Las bendiciones siempre están en obras virtuosas.

—Congreve

Pagando el precio

Jones y James eran dos amigos, ambos de buena posición social, bien educados y con una buena vida. Jones al principio era una persona introvertida. Sentía que uno debía ser respetuoso de la ley a cada paso y creía firmemente que ayudarse a sí mismo era la mejor ayuda. Él seguía su dicho y no prestaba dinero, ni pedía prestado en ningún momento. Él era un hombre que se hizo solo y por eso no ayudaba a las personas que él veía hacia abajo. Él era reservado y rara vez bromeaba o veía el lado amable de las cosas. Él tenía una vida confortable y lujosa, pero siempre siguió todos los mandamientos y también iba regularmente a la iglesia.

James era todo lo opuesto. Él era un hombre feliz y con mucha suerte, con una actitud "siempre positiva" y extrovertido. Él no se preocupaba mucho de las cosas materiales, él estaba listo con su cartera y su cuerpo para ayudar a la gente. Era generoso. Su presencia en cualquier parte era una señal de luz al corazón y en ocasiones decía chistes obscenos, bobos, a veces parecía que tenía gustos raros y era cuestionable. Jones a menudo fruncía el ceño ante su amigo. Y en el sentido ordinario de la palabra, James no era religioso y nunca hizo un escándalo sobre ir a la iglesia o sobre leer la Biblia.

Te puedes imaginar el impacto que producían estas dos personas en la gente que los rodeaba, esposa e hijos, amigos y relaciones. Mientras que Jones era respetado, James era amado. Entonces vino la caída de Wall Street y la recesión. Entre las personas que perdieron su fortuna estuvieron James y Jones. Ellos tuvieron tiempos muy difíciles. Pero los amigos hacían todo por ayudar a James* ya que, a la gente le caía bien y era querido por todas las personas que conocía. Los regalos le llegaban y era una situación embarazosa para James ya que nunca había sido el receptor. Sin embargo, no

---

* James habría sido, asimismo como Jeremy Taylor (que había perdido todo, cuando su casa había sido saqueada y su familia expulsada de las puertas, y todos sus bienes mundanos habían sido secuestrados): "Estoy caído en manos de publicanos y secuestradores y me han quitado todo: ¿ahora qué? Déjame mirar a mi alrededor… me han dejado el sol y la luna, una esposa que me ama y muchos amigos que lo lamentan y algunos que me alientan y todavía puedo dar discursos, por lo menos, no se han llevado mi semblante alegre, mi espíritu alegre y una buena conciencia, que aún me dejó la providencia de Dios. Todas las promesas del Evangelio, mi religión y mi esperanza del cielo, mi caridad para ellos también y todavía duermo, como y bebo, leo y medito... Y aquel que tiene muchos motivos para estar alegre y no lo está, es porque está muy enamorado del dolor y del mal humor, es quien ama todos estos placeres y opta por sentarse sobre su puñadito de espinas".

era consuelo para James verse a sí mismo tan agasajado. En el transcurso del tiempo, su fortuna revivió y regresó a estar como estaba antes.

Pero la caída fue literalmente para Jones "una caída". El golpe fue tan grave que difícilmente podría recuperarse. Hubo pocos simpatizantes y no hubo ayudantes reales. Su salud decayó y no se veía ni un rayo de luz en su oscuro horizonte. Se la pasó deprimido en cama, con el corazón triste y al paso de un año murió. Es de dudarse que alguien fuera de su círculo muy estrecho, alguna vez tuvo una palabra amable para el hombre muerto. Murió sin que alguien llorara por él, sin honores y sin ser reconocido.

Ahora, comparando el contraste de las condiciones de los dos amigos, cuando la suerte se les vino abajo, ¿cómo explicarías sus diferentes experiencias? No es obvio que a James y a Jones les regresaron en su tiempo de necesidad lo que ellos dieron en sus mejores días de diferente manera. James jamás pensó en una retribución, de parte de ninguno de ellos, de los favores que él hizo, ni la calidez que él tuvo en sus buenos tiempos. Aun en la adversidad, a la gente que él ayudó en los viejos tiempos, no lo ignoraron, ni olvidaron lo que él había hecho por ellos en algún momento. En el caso de Jones, decía que hay que ayudarse uno mismo, se le regresó y se encontró desolado. Era demasiado tarde para que él aprendiera, que le diera vuelta a la hoja. Sus "principios" no le dieron ningún beneficio tangible.

Es realmente interesante referirse a esto como a un epitafio de la iglesia de San Jorge, Doncaster que dice así. "Lo que gasté es lo que tuve, lo que di, es lo que tengo, lo que dejé es lo que perdí".

En el proverbio de Salomón, leemos: "El que da a los pobres, le presta el Señor" y nuevamente, en el Nuevo Testamento, Nuestro Salvador nos dice: "Él que provee de ropa a los desnudos, alimenta a los hambrientos y los que visitan a los reclusos, como consultarse a sí mismo, tendrá una recompensa en consecuencia".

Incluso los ignorantes y los analfabetos tienen un sentido innato del significado de la palabra "mérito". Es significativo saber que se deriva de la palabra en latín "mereor" que significa "ganar". De acuerdo a que el mérito implica hacer algo que hace al donante hacedor de una recompensa. Ahora bien, como hemos visto en otro capítulo, ninguna acción es puramente buena y totalmente mala. "Cada acción está rodeada por el mal, como el fuego por el humo". Un acto es bueno o malo de acuerdo a la respuesta de sus buenos resultados o malas consecuencias. Esta idea de acumular méritos o quitar méritos es similar a las ventas que se mantienen, es como la atención del banco a sus clientes en forma individual.

Cada que haces un depósito, o se acumulan intereses, hay una entrada de crédito y cada que sacas o compras hay un débito. Así que en cualquier momento el balance de tu cuenta son tus "ahorros". Si tu banco te lo permite tendrá un saldo deudor. Los ángeles, de acuerdo a las creencias musulmanas, están incesantemente escribiendo, detrás de cada pie o enfrente de cada hombre, sus acciones buenas o malas (véase el Corán, capítulo VI, versículo 61 del capítulo XIII versículo 12).

En nuestra vida nosotros hacemos ambas con conocimiento y sin conocimiento, acciones meritorias o también algunos pecados. Nosotros tenemos por todos lados el pensamiento de Emerson que dice: "Cada acto tiene una recompensa antes que nada en nuestra alma, y luego en las circunstancias. La gente le llama a las circunstancias, retribución". Nosotros podemos asumir que hay una grabación automática y continua en nuestras circunstancias de cada una de nuestras buenas o malas acciones, y si finalmente o en cualquier momento que damos el balance está detenido, representa nuestro débito (pecado) o crédito (mérito) en nuestro balance, según sea el caso. Este concepto es tan viejo como la civilización y es de juzgar la base de la idea.

En el libro de Job, lo escuchas llorar al decir: "Déjame ser pesado en la balanza, para que Dios pueda conocer mi integridad", e ir a narrar lo merecido de lo que hemos hecho, para "el pobre, el desfavorecido y el perdido". Por la integridad, se refiere a su solidez, solvencia, no en bienes materiales o dinero, sino en el mérito de los libros de Dios.

El equilibrio de la bondad

En esta vida, cada uno se esfuerza duro para construir un crédito, un material con exceso de ganancias o ingresos sobre gastos. Entre mejor sea el balance que tiene el hombre, más rico es. De la misma manera, cada religión exhorta y deja a cada hombre crear por sí mismo un considerable balance en su crédito, en méritos, no sólo por medio de sus buenos actos sino también materialmente contribuyendo con el diezmo. Cuando cada hombre, mujer o niño tiene un balance confortable de méritos y va en crecimiento, el total de sus cosas buenas o mérito en la familia, localidad, ciudad, país, y el mundo donde habitan las personas a montones, se reflejan las circunstancias. Esto no es del todo una proposición absurda cuando se ve en la luz y en comparación con el sentido de lo material o de dinero.

Entonces, construir o acumular méritos es el deber de cada uno de nosotros, ambos con el interés de uno mismo y de otras personas, es decir, de los parientes y amigos, compatriotas y conciudadanos de este mundo. Cada acto o buena acción es una inversión en especie, en lugar de una inversión en dinero. Basta con leer el enunciado de Jesús en este punto de vista: "El que da a los pobres, le presta el Señor." ¿Por qué a los pobres? Porque los pobres no pueden pagar.

Nos hemos referido en conjunto al balance acreedor de los habitantes de la ciudad. Cada religión le atribuye la prosperidad o bienestar de un pueblo a la suma del "equilibrio" entre el crédito y el débito. Sólo busca el significado de la palabra "visitation" en el diccionario. La encontrarás como "aflicción por con un castigo de Dios (por ejemplo, la peste, la invasión, etc.)" ¿El castigo por qué? ¿Las buenas obras de Dios? ¿No es evidente? Esta idea no debe ser hecha a un lado con ironía. ¿Por qué una guerra involucra a varios países y causa tanta miseria y sufrimiento, una barbaridad y brutalidad inimaginables, todo esto se pone en juego en medio de los bombardeos desde el aire, negando suministros esenciales como alimentos y medicinas, que son bloqueados y sometiendo a los prisioneros a torturas horribles? En medio de cada guerra, incluso las globales, ¿por qué algunos países milagrosamente disfrutan de la bendición de la paz? ¿Debido a las políticas del Gobierno? ¿Quién o qué es un Gobierno? ¿Qué formula sus políticas? ¿No son las personas de un país, aun cuando no hay democracia como tal, en última instancia, los que moldean su destino?

Aquellos que no están familiarizados con las características humanas de la gente del "oasis de Europa", Suiza, que se ha mantenido neutral a través de dos guerras mundiales. Haríamos muy bien al no entrar en problemas y permanecer como lo hace Suiza y su Gobierno. Entonces sabrás que no es un mero accidente que Suiza, un país pequeño, ha tenido no sólo una paz envidiable, sino también la prosperidad abundante. Un escritor dice que los suizos "han producido tantos hombres grandes como cualquiera de los cuatro millones de seres humanos que usted podría escoger". Además, "que han hecho las mejores obras de arte, una sociedad sin pobreza, sin rencores y sin presumir".

Aquí sería pertinente referirse a lo que vio una gran líder de guerra, quien logró obtener y acumular muchos méritos, pero que no tuvo pretensiones de ser, o muy religioso o filósofo, Winston Churchill. Tal como lo indicó uno de sus colaboradores más cercanos:

> *¿Qué es lo que realmente necesitamos para salvar a la civilización? El Sr. Winston, hace mucho tiempo nos dijo la verdad principal. Fue sólo una cosa, una cosa simple, que algunos cientos de millones de hombres y mujeres se pusieran a hacer el bien en lugar del mal, también que debemos cosechar bendiciones en lugar de maldiciones".*

Hablando de la bendición, en el Libro de Job es realmente enternecedor (y es a la vez divertido para algunos) leer: "Si he visto al pobre sin cubrir perecer por falta de ropa su lomo no me ha bendecido... entonces le dejo mi brazo". Reflexionemos sobre el siguiente testimonio bíblico:

> *Nos nos cansaremos de hacer el bien, sino hasta desmayarnos.*
>
> **—7-9, Capítulo 6 de San Pablo,**
> **Epístola a los Gálatas**

Los servicios empiezan en casa

De hecho, muchas otras cosas pueden y deben comenzar en casa. La religión, el amor, la compasión, el servicio. Sí, el servicio meritorio. No puede haber mayor bendición para los padres que tener a sus hijos con cariño alrededor de ellos, sobre todo en la enfermedad y la vejez.

¿Quiénes son los que están mejor cuando está el marido y la esposa para ayudarse, cuando sirven a los demás, cuando tienen comodidad y están para consolarse en los momentos de angustia, para compartir y duplicar las alegrías de la vida? Los niños se parecen a nosotros, casi como una cuestión de derecho, la atención y el cuidado debe ser elevado al nivel de servicio. Vamos a obtener bendiciones en vez de maldiciones en el lugar donde pasamos la mayor parte de nuestra vida es el hogar. Pongamos un ejemplo para nuestros niños por nuestro servicio personalizado. La magia real es estar rodeado de un servicio de amor.

Si deseas que tus familiares y amigos se pregunten si ellos mismos son ángeles o están entre ángeles, aquí está el secreto: un servicio con amor.*

Poco a poco se pueden ampliar y extender hacia otros en la comunidad, si es posible, a nuestros compatriotas y el mundo. Para servir siempre habrá un amplio margen y oportunidades suficientes. Extiende el servicio amoroso y no fallarás en obtener lo que deseas. Si no es ahora, más adelante. Si no es aquí, en donde estés. Si no está en la misma moneda, al menos con otras monedas, en el reino de los hombres y en el Reino de los Cielos.

❑❑

---

* El amor propio, sirve para despertar a los virtuosos,
a medida que la pequeña piedra se mueve,
el centro del apacible lago, se mueve,
un círculo tiene éxito,
otro aún y otra más se extiende,
amigo, padre, vecino, primero abrácense,
su país es el siguiente y después toda la raza humana,
a lo ancho y más ancho en las afluencias de la mente
toma a cada criatura y a cada especie,
la Tierra sonríe alrededor, con bendiciones sin límites,
y en tu pecho se ve la imagen del cielo.

—**Alexander Pope,** ***En la virtud***

9

Busca primero

Y luego dirás que los sufrimientos de tu tiempo,
no son dignos de ser comparados con la gloria
por venir que será revelada entre nosotros.
—*Rom. VIII. 18*

El poder del pensamiento positivo

Dale Carnegie y el Dr. Norman Vincent Peale, son los autores cuyas obras se encuentran entre las más exitosas y populares en la ficción contemporánea, no en la literatura norteamericana. Sus libros son leídos y se han hecho varias ediciones. Los libros de Dale Carnegie se han publicado en muchos países y se han traducido a varios idiomas en todo el mundo. Mientras que el éxito literario es común en ambos, pueden considerarse como polos opuestos y representan dos distintos pensamientos, aunque no necesariamente contradictorios, sobre aspectos de la vida: lo terrenal y lo religioso.

Al narrar cómo escribió su libro (*Cómo ganar amigos e influir sobre las personas*), Carnegie afirma que no había un libro práctico sobre las relaciones humanas antes de que decidiera escribirlo. Es interesante leer lo que dice: "En la preparación para este libro, leí todo lo de Dorothy Dix, los expedientes judiciales de divorcio, la Revista de los padres, al profesor Overstreet, Alfred Adler y William James. Además de eso, un hombre fue contratado para investigar a lo largo de un año y medio en varias bibliotecas, leyendo todo lo que no pude, abriéndose paso entre psicólogos que eran eruditos y a lo largo de cientos de artículos de revistas...". Me imagino que el doctor Peale no hizo nada más que sonreír cuando leyó este relato de Dale Carnegie. "No tenía por qué haber perdido un minuto de esfuerzo", dijo probablemente el Dr. Peale.

"Dale Carnegie fue buscando la luz sosteniendo una antorcha en la mano todo el tiempo". El primer y único libro que ha existido durante siglos, que ha sido leído, predicado y seguido por generaciones de hombres, mujeres y niños, ignorantes y sabios, ricos o pobres. Seguramente no pudo haber ignorado el "libro de libros", la Biblia. "¿Qué me hace pensar eso?" Al escribir su propio libro, *El poder del pensamiento positivo*, el Dr. Peale dice: "No es necesario señalar que los poderosos principios que contiene este libro no son de mi invención, nos los dio el más grande maestro que haya vivido y que todavía vive. Este libro enseña a aplicar el cristianismo, un sistema simple y científico de enseñanzas prácticas para tener una vida exitosa". En otro lugar, el Dr. Peale escribe: "El cristianismo enseña un rasgo básico que va mucho más allá de sólo lograr que a la gente le guste". En otras palabras, su idea de cómo ganar amigos e influir sobre las personas es "un sincero y desinteresado libro del amor por la gente. Tal vez si usted cultiva esta característica básica, los rasgos naturalmente se desarrollarán". Todo esto viene en tan sólo una cita bíblica: "Buscad primero el reino de Dios... y todas estas cosas os serán dadas".

El Reino de Dios. ¿Dónde está? La Biblia te da la respuesta. "El Reino de Dios está entre vosotros". Si está dentro de nosotros mismos, ¿por qué lo buscamos? América ha existido desde hace muchos años. Sin embargo, llegó a existir para el "viejo mundo" sólo después de que Colón la descubrió. Del mismo modo, si queremos ver la semilla del Reino de Dios, tiene que haber una razón especial para ello. Y eso, no lo estamos haciendo. Una vez más, ¿cómo es que no sabemos que el Reino de Dios está dentro de nosotros mismos?, la respuesta es que estamos inmersos en nuestras pequeñas vidas, después de la moda de los "Fariseos y los Publicanos", viviendo una vida superficial dejando de lado la vida espiritual. Sin embargo, incluso desde el punto de vista de lo puramente mundano, esta vida superficial es la que menos probabilidades tiene de producir los frutos que tan patéticamente anhelamos. ¿Cómo es esto?

Cada uno de nosotros tenemos ambiciones en nuestras vidas. Es muy natural. ¿Pero cuáles son los métodos que utilizamos para su realización? Puede ser que suene ilógico, pero un poco de reflexión mostrará un enfoque directo; pasos dirigidos directamente a los resultados serán los que tengan menos probabilidades de éxito. El éxito a través de estos métodos, por supuesto que no se eliminan, pero seguramente no son los mejores a utilizar. Veamos un ejemplo:

Un hombre "sufriendo" por su obesidad, va a un médico. El médico cura los males de cuerpo físico (a diferencia de las contraindicaciones del curandero de los males del alma), lo examina y le prescribe que debe hacer ejercicio, dieta y le manda unos medicamentos para empezar. El paciente se encuentra todo listo para el resultado, bajar de peso. Él lucha contra sus impulsos naturales, hacer ejercicio físico, su glotonería a la hora de hacer la dieta y su imaginación que evoca los placeres del paladar, los platos deliciosos y los banquetes todo el tiempo. Se pone ansioso al no poder bajar de peso rápidamente y también se siente cansado, porque su cuerpo le niega la energía que producen los alimentos.

Su mente lucha entre los pensamientos de éxito y fracaso en su esfuerzo por bajar de peso. Se la vive pensando en lo que quiere y en llegar al peso correcto que le dijo el médico, y siempre es perseguido por el miedo de que al final, pueda ser sólo temporal. Tampoco le debe sorprender si, después de todo el ejercicio y la dieta, la pérdida de peso es el resultado simplemente de sus preocupaciones de lograrlo. Todo esto le trae a la mente la historia del médico pronunciando "la pena de muerte" de su sobrepeso, con la esperanza de que la depresión que se produzca resulte ser el correctivo necesario para la víctima.

A continuación, vamos a tener una variación de la historia clínica imaginaria de arriba. Un buen ciudadano tiene sobrepeso, no es una persona muy religiosa. El ministro de la localidad tiene un interés fraternal hacia él, así que le da un sermón personal y lo motiva para que vaya a la iglesia, le dice que haga el ayuno como un deber religioso, que tiene que rezar como un medio para purificar la mente y así sucesivamente. El sacerdote le dice que debe visitar todos los días una iglesia situada en la cima de una colina cercana, para orar en silencio y le dice que lea la Biblia regularmente, que debe compartir sus víveres con los pobres y también que debe rezar por el bienestar de los demás. El hombre empieza su nueva rutina... Poco a poco, con el ejercicio que hace al subir la colina para visitar la iglesia todos los días, mediante la reducción de la ingesta de alimentos por motivos religiosos y sin tener que pensar sobre su estado corporal, su peso baja y no sólo sus proporciones físicas tienen los niveles normales, sino como un bono, se siente alegre y mentalmente alerta y, en consecuencia, su personalidad misma mejora considerablemente. Se convierte en un hombre feliz y relajado, en buen estado físico, mental y alegre, con la satisfacción de sentir que ha adquirido méritos religiosos.

Los dos caminos

¿Cuál de los dos recursos sería el camino para ti? El resultado es el mismo en ambos casos. Sin embargo, en un enfoque fue directo y en el otro el objetivo fue casi olvidado, sin embargo se logró de una manera más agradable y duradera. Esto es cierto para todas las esferas de la actividad humana. En un sentido amplio, es un hecho indiscutible que lo que quieres casi siempre ha de venir como un hecho. Salud, dinero, felicidad, tranquilidad, amor romántico, posición, fama, prestigio, todos estos son los mejores, no exclusivos. Entra en este contexto la declaración de la Biblia: "Buscad primero el Reino de Dios" tiene todo el sentido. "La alegría de ser extraídos de la vida, es vivir con un propósito que es mayor que el propio interés", escribió el astuto y hábil Bernard Shaw. El Dr. Harry Emerson Fosdick ha dicho: "Otro factor en el patrón de una vida sana, es la devoción desinteresada hacia las personas y las causas fuera de uno mismo".

Según los psicólogos modernos, un factor importante para la salud mental es tener un ideal alto para guiarse en la vida cotidiana. Esto proporciona la mayor alegría y consuelo, lo que permite soportar cualquier número de cosas conocidas como ensayos. Es bien sabido que en este mundo los muchos actos de gloria, son los realizados por hombres y mujeres, como defensa de ciertos ideales y principios. Siguen siendo brillantes en la historia del hombre, ya que, en la luz de ese ideal, el individuo común no sólo abandonó con alegría a las comodidades de la vida, a veces incluso la muerte. En el curso de dicha persecución de los ideales, los hombres y mujeres comunes a menudo se transforman en héroes, santos y sabios. Por seguir algo noble, algo generoso, algo realmente grande, adquieren la virtud y habilidad. Mantente en buena condición física y mentalmente alerta. Evita la disipación y la extravagancia de todo tipo. ¡Y mira lo que pasa!

El reino de Dios está entre vosotros. Echemos un vistazo a otra declaración bíblica: ¿Por qué estaría contento el hombre si se ganara todo el mundo y perdiera su alma? (Marcos 8:23). Estas citas son eslabones de una cadena. "Buscad primero el Reino de Dios que está dentro de ti, porque no se beneficia un hombre al ganar el mundo entero si pierde su propia alma". Hay una distinción clara entre el mundo exterior y el Reino de Dios dentro de ti. Como se mencionó anteriormente, la preocupación del hombre de su cuerpo físico y el mundo material exterior es el verdadero obstáculo para percibir el Reino de Dios dentro de uno mismo.

El hombre se percibe como el cuerpo y rara vez se ve a sí mismo como el alma. Este buque terrenal, esta olla, la carne (para usar las palabras de Marco Aurelio), parece ser incompatible con el hombre; trabajar en el alma, es la forma en que llegaremos al cielo. Por otro lado, si tú buscas el reino de Dios en primer lugar, lo demás llega por derecho divino.

Una vez más, tomemos un ejemplo. Un niño está aprendiendo a montar en bicicleta. La primera vez que intenta mantener el equilibrio, todo el tiempo está consciente de que debe mantener el equilibrio, balanceando su cuerpo y la bicicleta. Su atención es exclusivamente en la bicicleta y su cuerpo. Tiene miedo de que se vaya a caer o que vaya a chocar con alguien o de que otro vehículo se estrelle contra su bicicleta. Él no es capaz de mirar hacia el futuro, ni recordar nada más. Una vez que ha dominado la técnica del equilibrio y está tranquilo al andar en bicicleta, es cuando puede tener su mente fuera del vehículo y en equilibrio (se convierte en automático), y ya que puede mirar el camino por el que va pasando, cuando pone sus ojos en torno a la belleza de la escena, hacer incluso una reflexión seria, se puede poner a cantar una canción y puede pensar en llevar a otra persona en el asiento trasero, incluso ve la posibilidad de hacer caballito con la bicicleta cuando ya tiene seguridad.

Él practicaba en un lugar apartado, pero ahora incluso es capaz de andar en bici aun en los barrios más concurridos ¡sin miedo!

Del mismo modo, una vez que has aprendido a vivir la vida del alma, eres capaz de levantar la mente sobre la materia, pierde la importancia y cae en el lugar apropiado en la conspiración del universo. Para la carne, todo parece tan bueno o malo dependiendo de la relación con los placeres del cuerpo físico, mientras que, para la vida espiritual, nada es bueno o malo en sí mismo y todo encaja en la vida universal.

La vida del alma

Para la vida del alma, el primer paso es la formación del carácter a través de la oración, la contemplación, la meditación, el discernimiento y el desarrollo de las cualidades divinas. Creo que no estaría fuera de lugar echar un vistazo a los requisitos que debe tener un aspirante que quiere tener una vida del alma, tal como aparece en la literatura antigua de la India.

Hay ocho cualidades esenciales para un aspirante real y son las siguientes:

1. **Tranquilidad**:	Reposo de la mente con firmeza en su objetivo (Dios), después de separarla de todos los sentidos múltiples, mediante la continua observación de sus limitaciones.
2. **Autocontrol**:	No permitir que la mente externalice.
3. **Serenidad**:	Tener aflicciones sin pensar en poner remedio, con una sensación de serenidad (Santa indiferencia).
4. **Desagrado**:	Desagrado por placeres de los sentidos.
5. **Fe**:	La firme creencia en la verdad de las Escrituras.
6. **Meditación**:	Concentración constante en la inteligencia de Dios.
7. **Deseo intenso**:	Tener un ardiente deseo de ser liberado de las limitaciones de la vida del cuerpo físico y establecer con firmeza el Reino de Dios. En otras palabras, en lenguaje oriental, el intenso anhelo de ser liberado.
8. **Discriminación**:	La discriminación entre lo real y lo ilusorio, entre lo eterno y lo transitorio, en un proceso continuo.

No es de extrañar si estas ideas parecen ser un tanto oscuras. Todo se puede resumir en una sola frase: "La muerte del ego", o "la eliminación del pensamiento egoísta, dialogo egoísta y actos egoístas".

A menudo oímos divinas y diabólicas cualidades. Las cualidades divinas se refieren a la vida del alma y las diabólicas a la vida en carne (cuerpo físico).

El extraño fenómeno de todo lo bueno trata de un hombre que renuncia y evade las garras del hombre que lo está persiguiendo, algo muy común en la vida cotidiana. Por lo tanto el éxito en la vida más elevada del alma es automáticamente acompañado por el éxito de la vida.

Un hombre verdaderamente iluminado no valora el éxito terrenal, excepto como medio para promover el bien de la humanidad, no anhelándolo para sí mismo. Cuando le llega sin buscarlo, él no elude su responsabilidad. Ser halagado o culpado no le afecta ya que siente que él es solamente el instrumento de su voluntad y su lema es "Hágase tu voluntad". Los fracasos no son suyos, son a causa de una sensación de "instrumento". Rara vez sale mal, ya que es muy claro sobre sus objetivos, los fines y los medios son puros porque al final son sin pensamientos de una ganancia personal. *

Por eso Platón imaginó un rey-filósofo para su utopía, para su República. Un filósofo (no del tipo académico o especulativo) es un dios sabio sin ningún interés personal. Es sereno, con pensamiento claro y de actos puros, porque el pozo del que brota su vida es puro y proviene de la tierra divina. No hay razón para creer que esta imagen no es fiel a la vida. Cada época produce sus santos famosos. También

---

* Lea este retrato del hombre "Magnánimo", como Aristóteles lo llamó: "El hombre magnánimo se comporta con moderación con la buena suerte y con la mala suerte. Él sabrá cómo no exaltarse ni sentirse humillado. Él no estará encantado con el éxito ni afligido por el fracaso. Él no va a rehuir del peligro, ni de la semilla, ya que hay pocas cosas que le preocupan. Él es un tanto irónico y tardo en el habla, pero él dice lo que piensa de manera abierta y audazmente cuando la ocasión lo requiere. No le gusta mucho admirar, porque nada es grande para él. Se olvida de las lesiones. Él no es dado a hablar de sí mismo o sobre otros, no le importa que él mismo sea digno de elogio, o que otras personas lo culpen. Él no grita por cualquier cosa, ni reclama la ayuda de nadie".

ha habido numerosos santos desconocidos u oscuros, que demostraron las verdades de los diferentes aspectos de la vida divina en sus vidas discretas.

Si no somos capaces de pensar en nada más dulce que la vida en cuerpo físico, es porque nunca hemos probado el dulce néctar de la vida superior. Un bonito refrán sánscrito, pensado para silenciar la desconfianza de aquellos que carecen de experiencia, dice:

> *Una novia que no conoce la felicidad de la casa de su marido, llora cuando es llevada allí. Pero ella se niega a regresar a casa de su madre después de haber probado la felicidad de la vida conyugal.*

Se vive en la casa de la madre de la forma que dicta el mundo y la vida matrimonial es donde la vida está unida a Dios. La misma idea es muy sensible en *Mi imitación de Cristo* de la siguiente manera:

> *Pero ¡ay!, el placer del pecado prevalece sobre el alma mundana, y en esas laceraciones se imagina que hay placeres, Job XXX: 7, porque ella no ha visto ni probado la dulzura de Dios, ni el placer interno ni la virtud.*
>
> ***—Libro III capítulo 20***

La verdadera felicidad

Podemos avanzar en la vida sólo por medio del sacrificio. Tenemos que renunciar (involuntariamente) a la infancia, la niñez, para crecer en la adolescencia y la juventud; incluso a la seguridad material. Tenemos que sacrificar el placer de gastar hoy todo lo que ganamos, de guardar algo para un día lluvioso. Si queremos probar el disfrute más refinado de nobles pensamientos y una vida más noble, tenemos que dejar de dedicarnos a actividades superficiales que son pasajeras y transitorias. "Nadie puede servir a dos". "No se puede comer el pastel y al mismo tiempo tenerlo". La verdadera felicidad es concedida sólo para ese aspirante valiente que está sin confort y sin el consuelo temporal de la gente mundana y se enfoca en obtener la mayor delicia que le espera en el Reino de Dios.

> *No hagas tesoros en la tierra, donde la polilla y el orín corrompen, y donde ladrones minan y hurtan. Haz tus tesoros en el cielo, donde ni la polilla, ni el orín corrompen, y donde ladrones no minan, ni rompen, ni roban. PORQUE DONDE ESTÉ TU TESORO, TAMBIEN ALLÍ ESTARÁ TU CORAZÓN.*
>
> **—*Mateo* 6-19-21**

❑❑

10

Meditación y oración - I

La meditación gobierna los afectos, dirige nuestras acciones, corrige los excesos, suaviza las costumbres, adorna, regula la vida y por último otorga el conocimiento de las cosas divinas y humanas por igual.

—Bernard de Clairvaux

Es fácil vivir en el mundo con la opinión del mundo, es fácil vivir en soledad con nuestra propia opinión, pero el gran hombre es aquel que en medio de la muchedumbre, mantiene con perfecta dulzura su independiente soledad".

—Emerson

Ahora siento, ¡lo quieto, lo feliz!
donde mora el silencio más dulce,
que las risas de la alegría,
sin embargo son puro éxtasis.

—Emily Bronte

La gran promesa

La comprensión de que la religión no es antagónico a la ciencia o a la existencia temporal ha puesto a pensar a la gente por todo el mundo. Muchas de sus teorías pueden resistir la prueba de la ciencia. Día a día más gente se da cuenta que las prácticas religiosas hacen más eficiente y saludable nuestra vida temporal, se nos prepara mejor para enfrentar las distintas situaciones difíciles que surgen en los negocios y el comercio. De hecho, el nacimiento de este ejercicio es muy prometedor. Nadie, suponemos, es totalmente irreligioso. Incluso los que protestan en no creer ni en Dios, ni en la oración, ni en la meditación, pueden estar así por mucho tiempo, porque instintivamente sienten su ineficiencia para afrontar las crisis por sí mismos e inconscientemente apelan a un poder que rige el universo, para venir a su rescate. Más de un santo ha comenzado la vida sin creer, creyendo sólo en el poder del dinero para conseguir lo que queremos y sin ningún placer superior al de sus sentidos. La mayoría de ellos se convirtieron en santos en un momento determinado de su vida, cuando sus ojos se abrieron por una sacudida de gran alcance administrada a sus convicciones por algún fuerte incidente imprevisto.

La oración y la meditación, en su nivel más alto, son sin duda los medios para establecer nuestra identidad con el Espíritu Universal. Pero incluso en formas menos refinadas, tienen bendiciones para darlas a los hombres y mujeres comunes. Tenemos que aprender cómo ganar más penetración en las verdades de la existencia, a través de estos medios de comunicación, nuestro cuerpo, la mente física y el intelecto. El Dr. Norman Vincent Peale ha expresado muy claramente esta idea en su libro, *El poder del pensamiento positivo.* "Es significativo", dice, "que 'la palabra' 'santidad' se deriva de una palabra que significa 'Totalidad' y la palabra 'meditación', utilizada usualmente en un sentido religioso, se parece mucho a la raíz etimológica de la palabra 'medicamento'. La afinidad de las dos palabras es sorprendentemente evidente cuando nos damos cuenta de que la meditación sincera y práctica de Dios y Su verdad, actúa como una medicina para el alma y el cuerpo". Veamos cómo.

Es una ironía de la vida mundana que el comportamiento de venta se utilice también en transacciones cotidianas, no sólo las de carácter puramente comercial, sino incluso en otras actividades. Algunos escritores americanos famosos han declarado abiertamente su concepto de que cada actividad en la vida, es como una transacción de venta. El uso de la palabra "ventas" es significativo. En principio, cada venta se realiza para un beneficio. Cuando tú amas, cuando te casas, cuando te mueves en la sociedad e incluso cuando les das un regalo a tu esposa e hijos, se supone que estás vendiendo algo a un precio superior a su valor intrínseco. Supongo, que la manera típica estadunidense es que le lleve una caja de dulces y flores a su esposa. Es un regalo sin duda que se da por amor, pero ciertamente no hay expectativa de retorno, sólo esperas hacerla feliz como ella seguramente lo está porque no esperaba nada. Esa felicidad, a su vez, puede ser usada para algún propósito egoísta. Tal vez deseas que no esté irritable o persistente, o bien, esperas que el presente te ayude a influir en su comportamiento hacia ti, para tener un placer extra para ti mismo.

El santuario interior

Pero no tiene necesariamente que ser un acto de comercio. No puedes reducir cada momento de tu vida al nivel de una existencia puramente comercial, necesitas descansar, necesitas paz, sonido y velocidad, estas son las maldiciones gemelas de la era del jet. El sonido, especialmente del tipo agudo, como el de un accidente, tiene un efecto muy perjudicial sobre nuestro sistema nervioso. También se ha demostrado que la velocidad hace subir la presión arterial del conductor. Las personas que viajan mucho en avión se dice que sufren de fatiga después de cada viaje. Según nuestra experiencia cotidiana, nuestro proceso de pensamiento se paraliza por los sonidos ensordecedores, ocasionando fatiga. Christopher Morley escribe sobre "La erosión mental":

> *Todo ser humano está dotado de un limitado e infinitamente precioso valor de la energía y la vida es tal, que a menos que el individuo sea obstinado y audaz, este poder de la mente puede ser fácilmente disipado o aclarado por interminables exigencias competitivas. Por diarios, por la luz eléctrica, teléfono, radio, imágenes en movimiento, por el avión y el motor del coche, la iglesia, la escuela, el Estado y por un millar de cosas, advertencias e interrupciones, la mente es asaltada y distraída. Oímos mucho acerca del problema de la erosión del suelo en la agricultura: la colina carente de suelo fértil por todo lo que ha ocurrido en los arroyos, las grandes regiones de tierra con trigos apagados por las tormentas de polvo. Sin duda, no menos grave que la cuestión de la erosión de la mente: las tormentas de emoción diaria y la continua trivialidad pueden acabar con la sensibilidad del espíritu.*

Por lo tanto, es evidente que necesitamos tranquilidad, paz. Si tu casa es un refugio del mercado del mundo, tiene que haber otro refugio del mercado dentro de tu propia casa. ¿Dónde y qué puede ser ese refugio? Es el santuario interior de tu propio corazón y alma.

> *Cuando desde nosotros mismos tenemos demasiado tiempo*
> *estando separados del mundo acelerado,*
> *harto de tu negocio, cansado de sus placeres,*
> *¡qué misericordiosa y bendita, es la soledad!*
>
> **—Wordsworth**

Puedes recurrir a ese retiro y recuperar tu equilibrio, tú puedes crear por ti mismo una célula de paz, un oasis de alegría, un invernadero para el crecimiento espiritual. El emperador de Roma, Marco Aurelio, en su meditación dice lo siguiente: "Vive en tu palacio, como si fuera una montaña. No dejes que nada nuble el refugio en tu pecho, que ahí está toda la paz que se puede encontrar en la cima de la montaña, cerca del mar". El primer paso es que te apartes del mundo a tu alrededor, como una tortuga se mete en su caparazón, en presencia de cualquier amenaza. Es esencial que busques la soledad en un lugar sin perturbaciones de ninguna clase. El segundo paso es retirar los sentidos y mantenerlos bajo control. A continuación, siéntate con una postura cómoda, lo ideal sería que te sentaras en el suelo con las piernas cruzadas y dobladas, puede que sea difícil, pero, con la práctica será posible. Luego relájate por completo. Piensa que has colgado el abrigo, que es tu cuerpo el que está en el perchero colgado de los omóplatos y la columna vertebral. Deliberadamente sentirás cómo cae la tensión de cada miembro, desde los ojos y la cara. Cierra suavemente los ojos. Si aprietas los párpados, siente cómo están cubiertos por la oscuridad, en caso de que tengas los ojos medio cerrados, mira la punta de tu nariz, habrá un resplandor en el espacio entre las cejas.

Para facilitar la creación de la atmósfera adecuada, puedes ayudarte de diferentes maneras, puedes tener delante de ti una imagen inspiradora de tu deidad favorita. Puedes utilizar la foto de algún paisaje natural que capte la belleza escénica, una luz suave, incienso; al disfrutar de la paz en esta atmósfera, esa misma atmósfera induce la paz y la alegría para ti, puedes tararear en voz baja un himno o escuchar un disco, alguna canción tranquila... Ahora, detén todas las actividades que no sean la de respirar, respira hondo varias veces. Lo siguiente que hay que hacer es dejar de pensar. Esta será una tarea difícil. La mente no la podemos silenciar tan fácilmente. Puedes dirigir unas palabras a tu propia mente: "Cálmate, tranquila" mientras tú te relajas. Puedes cantar el mantra "OM" que es el símbolo de Dios. Una vez que hayas asociado las palabras con el proceso de relajación, podrás silenciar tu mente; la sola pronunciación de estas palabras o el mantra te ayudarán a obtener resultados similares.

Poner la mente en blanco

Mientras tanto, al poner la mente en blanco te sentirás como si no tuvieras cuerpo, físicamente también te convertirás en un cero. Tú eres simplemente la conciencia. Ahora puedes disfrutar profundamente de esta paz, esta tranquilidad, esta negación del cuerpo, mente e intelecto y la afirmación del alma. Tú te sentirás libre, completamente libre. Con la práctica diaria, puedes llegar a un estado superior y asociarlo con alegría incondicional y pura. A esta condición se le ha llamado "el silencio", porque el silencio es el elemento esencial en la meditación. Es calmar el cuerpo, la mente y el intelecto. Thomas Carlyle dijo: "El silencio es el elemento que te da grandes cosas a ti mismo".

En el silencio sagrado de la mente,
puedo encontrar a mi cielo y a mi Dios.

¿Por qué "quedarse quieto" activa las funciones del cuerpo y la mente? Aquí está la respuesta:

Si deseas tranquilizar tu mente y recuperar tu pureza original, debes hacerle como si estuvieras purificando una jarra de agua fangosa, primero la debes dejar reposar, hasta que los sedimentos se vayan hasta abajo, cuando el agua esté clara, así como el estado natural de la mente, antes de que el agua se pusiera turbia por diferentes factores. Luego cuidadosamente tienes que filtrar el agua para que quede pura. Cuando la mente se tranquilice y se concentre en una unidad perfecta, entonces todas las cosas las podrás ver, no por separado, sino en su unidad, en donde no hay lugar para que entren las pasiones y donde está plenamente conforme con la pureza misteriosa e indescriptible del paraíso.

—Surangama Sutra

Hay tres tipos de silencio, el primero es de las palabras, el segundo de los deseos y el tercero de pensamientos. El primero es perfecto, el segundo más perfecto y el tercero es el más perfecto de todos. Al no hablar, no desear y no pensar, llegas al verdadero y perfecto silencio místico, en donde Dios habla con el alma, se comunica con la misma, y en el abismo de su propia profundidad, enseña la más perfecta y sublime sabiduría.

—Miguel de Molinos, Guía Espiritual

El método y el proceso de la meditación* proporcionados aquí, no es algo revolucionario y tú lo podrás entender cuando leas el capítulo, "Una mente en paz genera poder" en el libro del Dr. Peale, en donde dice que lamenta que "esta generación de americanos ha perdido algo que nuestros antepasados conocían y que les ayudó a formar su carácter". Ya nos hemos referido al efecto terapéutico de la meditación. Starr Daily (citado por el Dr. Peale) dice "ningún hombre o mujer que conozco que practican el silencio ha estado enfermo". El ganador del Premio Nobel, el Dr. Alexis Carrel, lo expresó más claramente así: "Aquellos que mantienen la paz de su 'yo interno' en medio del tumulto de la ciudad moderna, son inmunes a las enfermedades nerviosas".

Cuando se trata de un tema que no es fácil de comprender, debemos forzosamente de prestar atención a la descripción de aquellos que se han expresado de manera más clara.

---

* véase el apéndice C.

Los apéndices A y B te darán una mejor idea de "samadhi", que se aproxima al estado de "súperconciencia".

Buena oportunidad para decir lo que Joseph Addison escribió a principios del siglo XVIII, en que se aplica por igual, o incluso mejor en la actualidad:

> *Hay muy pocos que saben ser inocentes, que pueden saborear de cualquier placer que no sea criminal, toda clase de desviaciones están a expensas de alguna virtud y cada uno de sus pasos es un vicio o una locura. Por lo tanto, un hombre debe esforzarse para ser lo más inocente posible, para que pueda refugiarse en ellos con seguridad y así pueda encontrar la satisfacción como un hombre sabio. Así son las personas que pueden aquietar su mente, que pueden trabajar en sí mismos, que no sufren de placeres sexuales, y despiertan la pereza y la ociosidad sin ninguna dificultad.*

Como una variación de los placeres de la imaginación, Addison te recomienda una dosis diaria de meditación; prueba, no cuesta nada y los beneficios que obtendrás no serán pequeños. Como dijo Miguel Ángel: "Acuérdate de que las pequeñeces hacen la perfección y que la perfección no es insignificante". No existe una dosis específica para la administración de este maravilloso medicamento. Tú encontrarás grandes beneficios acumulados al ponerlo en práctica con frecuencia. Es de suma importancia practicarlo con regularidad, y si es posible en el mismo horario, preferentemente en las primeras horas de la mañana, cuando todo está en silencio, el clima es fresco y agradable y el amanecer se extiende con un encanto mágico en el horizonte.

❑❑

11

Meditación y oración - II

La verdadera oración es una forma de vida, la verdadera vida es literalmente una forma de oración.

—**Alexis Carrel**

Oración-una noble petición

La oración es un complemento lógico de la práctica de meditación, el gran inconveniente de orar habitualmente, es que se convierte en un proceso repetitivo automático mental o verbal que libera a la mente y deambula acerca de otros temas. Como Shakesperare escribió:

Mis palabras vuelan, mis pensamientos se mantienen debajo,
palabras sin pensamientos nunca van al cielo.

Otro poeta, también ha hecho eco de la misma idea de esta manera:

En el acto de la oración, los labios jamás son la parte ganadora,
sin la dulce coincidencia del corazón.

—**Herrick,** ***El Corazón***

"Las palabras sin pensamiento", es la mera repetición verbal de la oración en la que la mente no participa y son palabras vacías. Hay que decir la oración siendo conscientes de la finalidad, conociendo el contenido y el contexto para que pueda ser beneficioso y edificante. El objetivo de orar ha sido tema de discusión para una variedad de escritores, poetas, predicadores, maestros, filósofos y científicos. Supuestamente hay incompatibilidad entre la ciencia y la religión, sin embargo es deliciosamente sorprendente que uno de los tratados más hermosos en la oración ha sido escrito por un científico de renombre mundial, el Dr. Alexis Carrel, el cual ha sido nombrado en el Apéndice D.

Aldous Huxley, en su famoso libro *La filosofía eterna*, clasifica la oración en cuatro categorías diferentes:

a. Petición.

b. Intervención.

c. Adoración.

d. Contemplación.

La petición de una oración puede ser elevada y "desinteresada" o infantil y pobre. Si ruegas a Dios que se muestre a sí mismo o su sabiduría, en una noble solicitud. La famosa pieza atribuida a San Francisco de Asís, es el mejor ejemplo de una oración elevada:

> *Señor, hazme un instrumento de tu paz. Donde haya odio, que yo siembre amor, donde haya duda, fe, donde haya desesperación, esperanza, donde haya oscuridad, luz y donde haya tristeza, alegría.*
> *Oh, Divino Maestro, concédeme que no busque tanto ser consolado como consolar, ser comprendido como comprender, ser amado como amar, porque es en dar que recibimos, es perdonando que somos perdonados y muriendo en Ti es como nacemos a la vida eterna.*

Por otra parte, si pides la prosperidad mundana, la oración se degenera en un ruego vacío. Como George Bernard Shaw ha dicho, "la gente común no ora, sólo pide". También es un hecho que muy pocos entre los mortales pueden pedir el cumplimiento de cualquier deseo mundano que, si se concede, se les diluye. Lo que creemos que son bendiciones, más a menudo resultan ser maldiciones.

> *Somos ignorantes de nosotros mismos,*
> *a menudo suplicamos por nuestro propio daño, el poderoso tiempo nos lo niega por nuestro bien, así que busca los beneficios en las oraciones perdidas.*
>
> —**Shakespeare,** ***Antonio y Cleopatra***

Definitivamente una petición en nombre de los demás está en un plano más alto que una petición en nombre propio. La oración puede dar lugar a una ampliación del sentimiento de solidaridad que, de ser auténtica, nace de la compasión verdadera por los demás. Sin embargo, si orar por ellos es todo lo que vamos a hacer, sin duda será vacío. Debe ser respaldada por una acción dirigida para aliviar el sufrimiento de los demás cuando sea posible y abarca el sacrificio personal.

La adoración ha sido descrita como "el uso de la inteligencia, sentimiento, voluntad e imaginación para hacer actos de devoción hacia Dios, en su aspecto personal o encarnado en forma humana". Es claramente superior a las dos primeras formas, la petición y de intercesión, ya que consiste en la exaltación de la grandeza de Dios, su gloria, su compasión y así sucesivamente. La Biblia nos muestra el camino de la oración de la siguiente manera:

> *Padre Nuestro que estás en los cielos, santificado sea tu nombre, hágase tu voluntad en la tierra como en el cielo.*

Al concebir a Dios como antropomórfico, nos deleitamos en la descripción de su forma gloriosa y aspectos diferentes de manifestación, de su regla benevolente del universo. Mientras participamos en la adoración, a menudo nos olvidamos de nosotros mismos, de nuestro corazón y la mente se funde en él.

Probablemente la forma más noble y superior de la oración es la contemplación. Aldous Huxley define la contemplación de esta manera: "Es estar alerta en forma pasiva, es dejar el alma abierta a la tierra dentro y fuera de lo divino, la inseparable y trascendente divinidad".

La oración en forma de contemplación es, nuevamente, no muy diferente a la meditación. El autor de la *Oración científica,* el Sr. Charles R. Fillmore, Vicepresidente Ejecutivo de la Escuela de Cristianismo, dice:

> *La oración en su forma más pura es simple. Se trata de concentrar toda la inteligencia de uno mismo en Dios, afirmando una declaración positiva de la verdad, meditando en un principio divino y finalmente girando dentro de su propio ser en un tiempo maravilloso de la tranquilidad llamado "el silencio", en donde el hombre se vuelve receptivo a la "pequeña y silenciosa voz de Dios".*

De hecho, es extremadamente difícil trazar una línea entre estos diferentes actos de la meditación, petición, intercesión, adoración o contemplación. Mientras la autoconciencia (conciencia del yo inferior) se mantenga en suspenso, el corazón humilde del hombre puede salir piadoso, ferviente y con intensa devoción hacia ese Poder; ni por un segundo tendrá la necesidad de identificar o recordar estos nombres de las aparentemente diferentes actividades.

El genuino sabor de la oración

Aquellos que han probado el rico sabor de la auténtica oración, se darán cuenta de que se han convertido en adictos a la oración. Santos orientales piensan que el nombre (de Dios) es mayor que el mismo Dios. ¿Existe Dios en dos entidades separadas? La idea es que al pensar en Dios, uno tiene que recordar el nombre de Dios.

Al principio era el Verbo,
y el verbo era con Dios y la palabra era Dios.

—*Evangelio según San Juan*

Por otra parte, ya que no podemos alcanzarlo tan fácilmente en su aspecto trascendente e inseparable, somos nosotros los que tenemos la necesidad de su nombre y forma, o necesitamos un nombre y forma para él.

Aquí está una exposición dulce, sencilla y sensible de la función de la oración en nuestras vidas:

No tengas miedo de rezar, rezar está bien.
Reza, si puedes, con esperanza, pero siempre reza.
Aunque la fe sea débil, o enferma,
reza en la oscuridad, si no hay luz.
Lejos está el tiempo a la vista del hombre.
Cuando la guerra y la discordia estén en la tierra,
reza por la paz universal.
Aprovecha el momento para bendecir,
sea cual sea la oración, es bueno desear, pedir a los cielos,
a pesar de ser algo que tú no crees recibir,
reza para ser perfecto, aunque no haya el material para hacerlo,
prohíbe al espíritu que está en la tierra,
por no atreverte a rezar,
y pídele a Dios que se lleve ese miedo lejos de ti.

—Coleridge-Hartley

❑❑

12

Reflexiones sobre la filosofía eterna

Haré olvidar mis dolores y disfrutaré del reposo interno. Quedaré abierto ante la amenidad de las escrituras, que mi corazón pueda ser ampliado para empezar a correr en el camino de los mandamientos.

—Ps. C XVIII. 32

El ateísmo es un callejón sin salida

Hay muchas religiones en este mundo. Cada una tiene subdivisiones o credos de su propia cosmología, teología y filosofía. Sin embargo, en la aparente diversidad, existe una unidad real. Hay ciertos fundamentos comunes en todas, lo que puede denominarse la "filosofía eterna", que Aldous Huxley describió como el "más alto factor común": Creer en Dios es el sustrato de la mayoría de las religiones. Los ateos son frecuentes en algunos credos. La ciencia, que cree en la prueba de todo, pude no estar de acuerdo con muchas de las teorías religiosas. Pero el ateísmo es un callejón sin salida y no nos lleva a ninguna parte. Las palabras del Dr. Henry C. Link: "El agnosticismo es una enfermedad intelectual y la fe en falacias es mejor que no tener fe". Existe la famosa historia de un sabio profesor que daba una conferencia a una audiencia sobre la evolución. Comenzó diciendo que en el principio de los tiempos no había nada más que agua, agua por todas partes. Pero antes de que pudiera seguir adelante, al parecer, un miembro poco sofisticado de la audiencia balbuceó una pregunta: "Pe-pero ¿de dónde viene toda el agua, se-señor?". Todo el mundo estalló en carcajadas y el profesor se ruborizó. La moraleja de la historia es obvia.

Todos hemos oído hablar de Marco Aurelio. Fue emperador de Roma y seguidor de la escuela de filosofía fundada por Zenón, conocida como estoicismo. El estoicismo no se considera como una religión como tal, pues Marco Aurelio fue un "pagano". Sin embargo, la historia nos dice que se sintió atraído fuertemente hacia los ideales del cristianismo. Sus famosas *Meditaciones* son de alguna manera reflexiones al azar sobre la vida, lo material, lo religioso y lo espiritual, y han sido aprobadas con admiración por los escritores de todas las denominaciones.

Es cierto que Marco Aurelio no propone ninguna nueva doctrina, ni le debe lealtad a las creencias religiosas de su tiempo. Sin embargo, en lugar de ser un inconveniente, ha sido el secreto del gran éxito popular de sus *Meditaciones*, que se mantienen frescas incluso después de casi 2000 años.

Por lo tanto este clásico puede ser considerado legítimamente como una reflexión sobre "Filosofía Eterna". Como un escritor dice: "Te quedarás sorprendido por la coincidencia de tu propia era, cuando leas las *Meditaciones* del gran emperador y filósofo, Aurelio". Es realmente notable cómo gente de diferentes creencias religiosas afirman tener ciertas similitudes en las *Meditaciones* en sus propias creencias, la ética, la moral y la filosofía. Esto es especialmente cierto considerando que todos estamos condicionados por el pensamiento religioso de nuestra propia secta o credo en particular y encontramos grandes dificultades para comprender y apreciar las verdades que proponen los líderes de otras religiones. Por ejemplo, incluso al mejor cristiano le resulta difícil cuestionar la versión bíblica de la creación. Tampoco se cuestiona sobre el hecho de que nadie puede ser salvado, excepto a través de Cristo.

La sorprendente semejanza con el pensamiento hindú

El sueño de Platón, de un rey filósofo de su utópica República es paralelo a la historia de la India. Hubo grandes emperadores que también eran grandes filósofos de la antigua India. Por lo tanto no es de extrañarse que para las personas de la India, Marco Aurelio les trae reflexiones de sus propios Rajarshis (literalmente, santos reales) como Janaka y Ashoka.

Del mismo modo, Aurelio está muy cerca de las escrituras hindúes, de sus ideas y concepciones al afirmar: "Sólo hay una sustancia universal que se divide en muchos organismos, cada uno con sus cualidades peculiares. Pero no hay más que un alma, en la naturaleza y los límites de los individuos parecen estar distribuidos por multitudes. Y no hay más que un alma, aunque parezca dividida". El *Bhagavad Gita* dice: "Para ti es la única competente, no sus frutos", y se refleja en las *Meditaciones*: "Considerar la acción por sí misma es suficiente recompensa". Por suerte para el bienestar futuro en esta lucha del desgarrado mundo, más y más personas han comenzado a luchar por los puntos en los que están de acuerdo, en lugar de insistir en las diferencias entre las religiones del mundo. Me ha sorprendido leer una serie de artículos en las revistas *New* y *Unity* donde pude darme cuenta que tienen asombroso parecido con las ideas centrales del pensamiento hindú.

La siguiente interpretación de la filosofía eterna contra las *Meditaciones,* sin duda merece ser examinada y estudiada. Vamos a ver cómo el emperador romano vio la vida como es ahora, con qué métodos llegó a la inutilidad de la existencia secular, cuál es su idea de la vida ideal y también los caminos que indicó para poder alcanzar ese objetivo.

Como sabemos, desde el átomo hasta la estrella, cada partícula de este universo suena a egoísmo y esto es lo que llamamos mundo. Esta separación, esta idea del "yo" y del "mío", es el principal factor que anima al mundo. Mientras que las formas inferiores de vida o conciencia poseen este egoísmo instintivamente en común con los seres humanos, es privilegio exclusivo del hombre que conscientemente se puede hundir en su egoísmo por un objetivo superior.

El egoísmo limita nuestra visión, nos separa unos de otros y es la causa de todos los conflictos. Somos nosotros los que trascendemos esta limitación, y nos vemos en una perspectiva adecuada en relación con el universo y la naturaleza, jugando un papel como si fuéramos Dios, creyendo que el mundo se transformará en el paraíso.

Por extraño que parezca, el cuerpo físico es el primer y mayor obstáculo para el hombre en su camino hacia una vida superior y el principal apoyo de su egoísmo. Nos ha confundido al creer que el cuerpo es uno mismo y nos olvidamos del alma. Con este engaño, pones las necesidades del cuerpo por encima de todo. Lo cubres con ropa fina, adornos y mimos con todo tipo de compasión. Cualquier lesión corporal o inconveniente se convierte en doloroso. Temes a la muerte, te encoges de dolor y malestar y el placer sensual te encanta. Tanto que es una conexión, y te identificas con tus posesiones, tu esposa y tus hijos, todo lo que te parece necesario para tu comodidad y placer. De ahí que tu bien o mal se convierte en "tuyo". Y así comienza un círculo vicioso llamado en la terminología hindú como "Samsara" (existencia mundana).

En segundo lugar, hay otro engaño que surge del egoísmo. El hombre, que busca la felicidad, la confunde con el placer y así es como otro círculo vicioso se forma. Como hemos discutido en un capítulo anterior, se buscan placeres, sensaciones agradables, por lo que necesitas conseguir objetos que te den placer. Los sentidos te piden más y para satisfacerlos, te convierten en su esclavo. En consecuencia, caes preso de una variedad de emociones no deseadas, como la codicia, los celos, el miedo y la ira.

Marco Aurelio ataca estos engaños de diversas maneras, primero dice: "En la concepción del hombre, nunca incluya un buque exterior, es decir, el cuerpo". Él disecciona el cuerpo humano y lo maneja como una prisión de carne donde se encuentra el alma, que la muerte le arrebatará en algún momento. Nos habla de la muerte y la naturaleza efímera del cuerpo y de que es esencial eliminar ésta estructura física para eliminar el egoísmo.

La mentira del placer

Luego nos explica la mentira del placer. El placer es sólo una sensación pasajera que no puede sobrevivir a la separación del contacto respectivamente entre el sentido y los objetos que le resultan agradables. Al buscar la felicidad en el placer, es necesario darle fuerza a los objetos externos, sobre los que tenemos poco o ningún control y que son igualmente efímeros e irreales, como el cuerpo humano, y tienen el poder de perturbar tu paz. "El placer no es ni bueno ni útil", dice Marco Aurelio.

Después, pon atención en la felicidad de la naturaleza, que es y debe ser nuestro motivo para vivir y para trascender a todas las ideas duales, como el dolor y el placer, el calor y el frío, la alegría y la tristeza.

También revisa los medios para alcanzar la felicidad y fíjate como el primer requisito es renunciar a lo que nos provoca satisfacción, el mensaje es no depender de nadie ni de la familia, que no nos pertenezcan y elimina la fijación por los placeres temporales. "Abstenerse de cualquier tipo de deseo ", es lo que nos dice el emperador romano.

Dentro de todos nosotros existen juntas la divinidad inferior y la superior conviviendo en su naturaleza. La primera depende de la ignorancia y el egoísmo, y la segunda del conocimiento y el desinterés. Tenemos que superar la primera, nutrir y fortalecer la segunda. "Tienes que cavar dentro de ti". Ahí se encuentra la fuente del bien, una fuente que es para siempre, no lo olvides y ten este pensamiento presente: "El universo es una sola vida hecha de una sola alma". Observa cómo todas las cosas tienen referencia a esta percepción universal, todos los que actúan con un solo impulso, todos los factores con la creación de todo lo que es, y todos los temas indisolublemente unidos en una sola.

La mente es nuestra amiga y enemiga al mismo tiempo, nos juega innumerables trucos. Busca a la amiga y deshecha al enemigo que hay en ti. Hazlo tu aliado en la "peregrinación de tu vida". Que puedas tener el control sobre los pensamientos y deseos, que son la materia de lo que está hecha la mente. "Limpia todo lo que no te sirva, todo lo que te inquiete y de inmediato podrás entrar en la gran calma". Arregla tus pensamientos sobre Dios, que es la casa de todo lo noble y bueno.

Después debes cambiar tu egoísmo por el servicio a tus semejantes. "Los hombres existen para el servicio mutuo". Evita el pensamiento de recompensa o beneficio en todas tus acciones. "Tienes que darte cuenta de la finalidad de la vida terrenal, la existencia, la cosecha de cada uno, la santidad de carácter y el altruismo en acción, para hacer el camino más corto, en otras palabras, la salud intelectual en el discurso y la acción. Para un hombre con este propósito en la vida, es el alimento de todas las burlas".

Con el verdadero conocimiento de que no es sólo tener la información, sino que es vivir en conformidad con la verdad suprema, el hombre establece su conexión e identidad con el Ser Supremo. Así como un espejo limpio de toda mancha refleja a la perfección, una vida purgada de todas las impurezas refleja al Ser Supremo en este estado, todas las cadenas se rompen y el hombre es liberado.

No debemos de tener miedo por lo alto que hay que escalar. Concéntrate en este momento, dejando el resto a Dios. "Debes estar contento aun con el progreso más pequeño que hayas realizado, recuerda que cada progreso no es poca cosa", dice Marco Aurelio.

Como se ha dicho en otra gran obra sobre la vida espiritual, puede ser realmente declarado que las *Meditaciones*, "aplicándolas eternamente", proporcionan una singularidad durante todas las etapas de la evolución humana y tienen algo que enseñarle a todo hombre para convertirlo en una persona "mejor y más pura".

Nota: Este capítulo es una adaptación del ensayo con el cual ganaron los autores el primer premio en un concurso abierto sobre "Meditaciones de Marco Aurelio" Dos eminentes profesores universitarios de filosofía fueron jueces.

❑❑

13

Cómo ser el maestro de tus circunstancias

Ningún descubrimiento de la psicología moderna es, en mi opinión, tan importante como la prueba científica de la necesidad de autosacrificio o la disciplina para la autorrealización y la felicidad.

—**Dr. Henry C. Link**

Enseñanzas de santos y profetas

Las escrituras, y otras literaturas religiosas y espirituales, sirven como maestros y guías para el hombre. Además de mostrar el camino hacia la perfección, ellas nos revelan la verdadera naturaleza de nosotros mismos, nos quitan dudas acerca de nuestras debilidades, nos dan confianza y fuerza. Hay grandes libros de esta categoría con las enseñanzas de santos y profetas que nos hablan a través de sus páginas.

Una leona embarazada, mientras se abalanzaba sobre un rebaño de ovejas, de pronto dio a luz a un cachorro y murió, dejando a su pequeño en medio de las ovejas. Creciendo entre los corderos, comiendo hierba, el cachorro león pensaba que era un cordero, viviendo en el césped, gemía como un cordero y se asustaba al ver a las fieras carnívoras. Un día, un gran león fue a atacar el rebaño, pero se sorprendió al ver el extraño comportamiento del pequeño león, como si fuera un cordero. Agarró al pequeño y lo reprendió: "Tú comes hierba, gimes como un cordero y huyes asustado como las ovejas. Eres una desgracia para la raza de los leones. Ven, ruge como yo. Come este pedazo de carne y vive conmigo de aquí en adelante". Pero el cachorro no podía creer o confiar en el gran león y comenzó a gemir de nuevo como un indefenso cordero. Entonces el león tomó a la fuerza al joven león y lo llevó a un arroyo cercano y rugió: "Mira tu reflejo y date cuenta que también eres un león y no un cordero". El cachorro estaba sorprendido por esta revelación. A partir de entonces siguió al gran león y poco a poco empezó a vivir de acuerdo con su verdadera naturaleza, la de un león.

Los maestros y las escrituras son como el gran león en la historia. Al igual que el cachorro nos sentimos débiles, indefensos y con desconfianza para enfrentar la vida. A cada paso tenemos miedo y deseos de huir. En otras palabras, la mayoría de nosotros sentimos que somos criaturas de las circunstancias. Y uno de los únicos libros existentes, la *Imitación de Cristo* nos dice rotundamente que no debemos sentir esta limitación, que podemos llegar a ser los amos de nuestra propia vida. El hombre es una criatura miserable y esclava de sus pasiones, hasta que no haga valer su libertad. Ahora vamos a ver lo que nos dice Kempis:

> *Hijo, tú debes actuar con interés hacia tu objetivo, en cada acción, en cada trabajo, hasta ser interiormente libre, amo de ti mismo y que todas las cosas estén debajo de ti, no tú debajo de ellas.*
>
> *Que tú seas el amo y señor soberano de tus acciones, no un esclavo.*

¿Cómo puedes ser interiormente libre y amo de ti mismo, si todas las cosas están debajo de ti? Aquí está la respuesta:

Hijo, puedes poseer la libertad perfecta, a menos que te la niegues a ti mismo.

—Mateo XVA.24

Todos los buscadores de uno mismo y los amantes de uno mismo, están llenos de deseos, llenos de preocupaciones, andan buscando siempre su propia comodidad y no las cosas de Jesucristo. Phil. III. 21, muchas veces inventan lo que no es.

Este vicio, por el cual el hombre se ama desmesuradamente, está en el fondo de todo aquello que ha de ser extirpado y que debe ser superado por ti; una vez que se ha conquistado y se ha sometido al mal, te llegará una gran paz y tranquilidad.

Pero hay pocos que trabajan para dejar de pensar en ellos mismos con el fin de ver más allá de sí mismos, por lo tanto, la mayoría permanecen atrapados en sí mismos, no pueden ser elevados en el espíritu por encima de sí mismo.

Toma esta palabra corta y perfecta: "renuncia" a todo y dejarás todos tus deseos y hallarás descanso.

Si tú puedes perfectamente superarte a ti mismo, con más facilidad podrás someter todo lo demás.

¿Cómo puedes superarte perfectamente a ti mismo, cómo renuncias a todo, cómo negar nuestra propia forma?

El que es sabio y bien instruido en el espíritu está por encima de todos estos cambios, sin importarle lo que siente, ni la inestabilidad en la que sopla el viento, toda la inclinación de su alma puede avanzar hacia su causa y su deseo final.

Puede seguir su camino en la misma dirección sin ser sacudido, dirigiéndose sin cesar, a pesar de toda esta variedad de eventos, su única intención es mirar hacia MÍ.

—Mateo VI. 22

En cuánto más pura es la intención, mayor es la fuerza para poder pasar a través de estas tormentas.

El objetivo de la intención será purificada, la hará única, cierta y será dirigida a MÍ, a pesar de todo lo que se interponga.

Ahora las frases claves son:

Tú puedes poseer libertad perfecta, a menos que tú te niegues por completo.

Si tú eres tú mismo te puedes superar.

El que es sabio y bien instruido de espíritu está por encima de todos los cambios…

De modo que puede seguir sin cesar, su única intención es a través de MÍ.

Todas las frases anteriores implican la entrega total a Dios y la renuncia de todo el egoísmo, es lo único que te dará "el completo dominio de ti mismo, de todas las cosas y te dará el control sobre las circunstancias".

Anteriormente hemos tenido la oportunidad de referirnos al fenómeno curioso del hombre que abandona todo y encuentra todo. ¡La alquimia del espíritu del sacrificio!

Un conocido refrán sánscrito dice así:

No es a través de la riqueza, que encontramos el origen, sino a través de la renuncia con la que sólo unos pocos han alcanzado la inmortalidad.

Otro poeta dijo:

En el disfrute, existe el temor de la enfermedad; en la posición social, el miedo a caer; en la riqueza, el temor de los reyes (tributo); en honor, el miedo a la humillación; en el poder, el miedo a los enemigos; en la belleza, el temor a la vejez; en los eruditos, el temor de los adversarios; en virtud, el temor de detractores; en el cuerpo, el miedo a la muerte. Todas las cosas de este mun-

do son seguidas por el miedo; la renuncia se mantiene por la falta de miedo.

El mismo poeta dijo:

Los objetos de los goces, nos dejan uno por uno, tarde o temprano (no podemos mantenerlos permanentemente con nosotros). En realidad, su pérdida no debería hacer ninguna diferencia, a medida en que nos veamos forzados a abandonarlos. Si los dejamos a regañadientes, nos traen aflicción a la mente. Si renunciamos voluntariamente, ese acto de renuncia conduce a la felicidad y a la posesión de sí mismo.

Uno de los más grandes hombres de nuestro pasado es, Mahatma Gandhi,* quien ejerció un poder inmenso sobre los hombres y le dio forma al destino de un subcontinente con una sola arma: la renuncia y su desinterés absoluto. Esto sólo puede venir de un hombre que tiene una firme fe en Dios: "Cuya única intención es dirigirse hacia MÍ".

De hecho, Gandhi era el más pobre de los pobres, por elección. Cuando Gandhi murió, Louis Fisher escribió: "La humanidad se empobreció debido a que un pobre hombre había muerto". Es posible que hayas leído la biografía de este hombre inusual, escrita con perfecta sinceridad y comprendida por eminentes escritores americanos como Louis Fischer (*Gandhi, el hombre y su misión*), el Dr. John Haynes Holmes (*Mi Gandhi*) y Sheean Vincent (*Bondadosa luz guía*). Es un tributo a la grandeza del espíritu humano en la vida de Gandhi, su misión ha sido bien estudiada, comprendida y narrada por hombres de otras religiones y otras tierras. Puedes dar un paso más y afirmar que Gandhi fue mejor entendido por los hombres y mujeres que no eran de su

* Literalmente, "Alma Grande".

país. La extraordinaria vida del Mahatma, podría resumirse en una palabra: "Renuncia".

Nota: El fenomenal éxito de la película *Gandhi*, de Attenburough, que ganó nueve premios Óscar, es otro testimonio de la apreciación del Mahatma por personas de todo el mundo.

❑❑

14

El hogar de Dios

¿Sabías que sois el templo de Dios y que el espíritu de Dios mora en vosotros?

—I Cor. 3:16

Similitudes en la literatura religiosa

Es muy interesante ver las similitudes de la literatura religiosa en diferentes tierras y diferentes idiomas. Tomás de Kempis en *Imitación de Cristo* escribe: "Cristo vendrá a ti, a encontrar consuelo, prepárale un hogar dentro de ti".

Recordando uno de estos, hay un pasaje conmovedor en el Ramayana, la gran epopeya hindú (de la que existen varias versiones) en el que Rama, la encarnación de Dios, el héroe, tiene una conversación con Valmiki, el sabio autor original de la epopeya. Llegando para quedarse en los bosques, Rama le pregunta al sabio si le puede sugerir un lugar adecuado para su estancia. Valmiki es transportado en esta ingenua pregunta del Señor, y le da una magnífica descripción de cómo podría constituir un hogar "idóneo para él" en las siguientes líneas que es un verso libre tomado del original:

Aquellos que son tranquilos y poseedores de una visión de igualdad,
nunca odian a ningún ser y siempre te contemplan
—Su corazón es tu hermoso hogar.
Olvidando todo el bien y el mal,
que recuerdes.

—Su corazón será el hogar ideal para ti y para tu pareja, repitiendo el nombre de tu santo, que viene a ti con absoluta entrega, que ha trascendido las dualidades, que no tiene ningún deseo egoísta.

—Su corazón será un dulce hogar para ti.
Los que viven sin egoísmo, que evitan gustos y disgustos, pueden ver un terrón de tierra y una pieza de oro exactamente igual.

—Su corazón será tu casa celestial
Entrega su mente e intelecto a Ti, que permanece siempre contento y dedica los resultados de sus acciones a Ti.

—Su corazón es tu santa morada.
Los que no se desalientan en eventos desfavorables, ni se regocijan con los resultados favorables, se recuerdan a sí mismos de la ilusoria y transitoria naturaleza de todo en este mundo.

—Su corazón es tu sagrada residencia.
Viendo el nacimiento, crecimiento, decadencia y muerte, como atributos de este cuerpo físico y no del alma, el hambre, la sed, el placer y el dolor que están relacionados con el aliento de vida, los que son liberados de las tentaciones de esta mundana existencia.

—Su corazón es tu bendita residencia.
Que siempre se goce impregnándolo todo, dándose cuenta de su naturaleza como la existencia de inteligencia, de felicidad absoluta, inmutable y uno, sin un segundo, sin principio ni fin.

—Allí, en el loto de su corazón quédate con tu novia.
El fortalecimiento de su voluntad por la incesante práctica, establecieron la adoración de los santos pies, que por los cons-

tantes cánticos de tu santo nombre, han destruido todos sus pecados.

—En su corazón, con su consorte hacen su retirada.
En conclusión, el gran sabio y poeta exclama:
¿Cómo puedo, oh Rama, estar, y mucho menos describir, la grandeza de tu santo nombre?, por la alquimia de la que he alcanzado la santidad sublime.

Nota: Valmiki que era originalmente un salteador de caminos, se sometió a una operación de transformación, iniciado en penitencia por gritar constantemente el nombre de Rama, se convirtió en un sabio venerado. La historia de su transformación se cuenta en un capítulo posterior.

❑❑

15

¿Cómo enfrentarse y tratar las críticas y la calumnia?

Cuando alguno me ha ofendido, yo trato de elevar mi alma tan alto que la ofensa no pueda llegarme.

—**Descartes**

La Sensación de "YO" y "MÍO" — una enfermedad común en todos

Incluso con las mejores intenciones y la verdadera sinceridad, no siempre es posible sacar al mundo fuera de tu vida. La gente a tu alrededor no te dejará cuando quieras, incluso si no te inmiscuyes en la de ellos. Tenemos muchas maneras para ajustarnos a la gente que nos rodea. En otras palabras, debemos estar en este mundo, no de la misma manera.

Lo mejor entre nosotros, lo verdaderamente noble y consciente, no puede aspirar a navegar en el mar de la vida, libre de los peligros de la tormenta, de críticas y calumnias intencionales. De hecho, es un capricho inexplicable de la naturaleza humana que vemos de forma minuciosa y estrecha las acciones de los demás y criticar, con celo, sus defectos (imaginarios, reales o inventados), aun sobre los mejores actos que veamos. Tenemos consuelo en el hecho de que pocos pueden escapar de la calumnia, por muy inocente, de alto rango o poderoso que pueda ser. Como Shakespeare dijo:

> *Sé casto como el hielo, tan puro, como la nieve,*
> *pero no podrás escapar de la calumnia.*
>
> **—Hamlet III, 1**

Y de nuevo:

> *No se puede, ni con la grandeza de la moral.*
> *¿Puede escapar de la censura de ser herido con la calumnia?*
> *Lo virtud más blanca tiene rayas. ¿Qué rey tan fuerte*
> *puede atar la hiel sobre la lengua calumniosa?*
>
> ***—Medida por medida,* Acto II Escena III**

> *El rumor es una pipa*
> *derribado por conjeturas, celos y calumnias.*
>
> ***—Henry IV-,* Escena II**

> *¿Qué borde es más filoso que la espada? La lengua.*
> *Todos los gusanos del Nilo, cuyo aliento*
> *pasean con el viento los desmienten*
> *todos los rincones del mundo: reyes, reinas y estados,*
> *la empleada, matronas, o mejor dicho, los secretos de la tumba,*
> *esta calumnia viperina entra.*
>
> ***—Cymbeline,* III, 4**

No es ningún misterio saber que la mayoría de nosotros sería encontrado culpable, en algún momento u otro, de habernos entregado a este pasatiempo. Todo el tiempo que somos conscientes donde muchas veces no tenemos nada que ganar y la víctima tiene mucho que perder. ¿Quién puede decirlo mejor que Shakespeare?

Quien me roba la cartera, roba basura,
no me roba nada,
pero el que me roba mi buen nombre
me roba lo que no le enriquece,
y me hace mal.

—*Otelo*

Si bien hemos escuchado mucho sobre el rendimiento, en forma práctica, de las buenas acciones y prácticas religiosas, es de hecho muy, muy difícil de superar la debilidad del deseo de ganar un buen nombre, la aprobación y aceptación de nuestros semejantes, y en particular de los que no están predispuestos a favorecernos. Este deseo es un motivo de gran alcance y es en la parte interior de uno mismo donde encontramos la mayoría de las "buenas obras". Dar limosnas, donaciones, emprender una labor social, todo en general, calculado para obtener reconocimiento y fama. No hay límite para ciertas personas que van en la búsqueda de ganar popularidad. Desde el punto de vista mundano, este anhelo de popularidad es muy útil, pero para eso, muchas de las instituciones deben su origen y permanencia a la generosidad de las personas ricas que estuvieron allí. Para los pocos que realmente no se preocupan por esos aplausos y acciones piadosas deberían servir como medio para alcanzar la humildad, la autodisciplina o la mortificación de la carne en un esfuerzo por trascender de la enfermedad común de todos, el sentimiento de "yo" y " mío". Esta es la razón de la importancia dada por los líderes religiosos sobre la necesidad de presumir.

¿Por qué tratar con el deseo de popularidad, hablando acerca de cómo enfrentar las críticas? Porque los dos están íntimamente relacionadas. No obtener reconocimiento o aprobación, en sí es doloroso, ¿qué tan grave parece ser la crítica? Pero a menos que tratemos con ella de la manera adecuada, es probable no sufrir, hacemos un esfuerzo por silenciar la crítica. Un error común es que la mayoría de nosotros somos propensos a tratar de calmar, hasta "comprar" (en sentido figurado y literalmente) los comentarios negativos, las críticas. En nuestra ansiedad por silenciarlas, realmente estamos recompensando la calumnia, si le damos la más mínima señal de aviso. La misma idea le provoca un efecto suficiente para alegrar su corazón. Si llegamos al borde y lo sobornamos, sólo estamos cayendo en sus chantajes. No sólo hay que ser indiferentes a la crítica cuando es injusta, sino también en la adulación, en ambas donde la otra persona se ocupa de nosotros, o de cómo obtener de nosotros lo que quiere. Ambas se utilizan para la explotación. "Sea cordial en su aprobación y generoso en su elogio", exhorta a los expertos su popularidad. ¿Con qué fin? Ya sea para obtener lo que desea para su beneficio o para ganar popularidad por ti mismo, el camino es, por supuesto, muy egoísta. Él te sonsaca al estar satisfecho haciéndote sentir superior, que es una de las maneras de llegar a ser popular, ¿no? Ahora invierta el consejo del experto: Sé fuerte en su condena y generoso en su crítica. Creo que esta fórmula puede asegurarte igual de buenos resultados si la víctima continúa (como suele hacer la gente) para el chantajista. El miedo es un arma muy potente y jugar con esta emoción es muy eficaz al "influir" en las personas.

Enfrentado la crítica y la difamación

No existe un mejor método para enfrentar la crítica y la difamación que la que se impone en nuestras escrituras: Sé igual de indiferente cuando te halaguen, como cuando te culpen por algo, pero sólo con una condición: que has tomado todo el cuidado posible, para ver que tus acciones tienen fundamentos. Si la crítica está justificada, debe ser bien acogida y en su luz debemos corregirla ya que es el aspecto positivo de la crítica genuina y amable. En caso de que sea injusta e injustificada, debemos recordar lo que la *Imitación de Cristo,* dice:

> *No dejes que tu paz esté en la lengua de los hombres, no importa si dicen algo bueno o malo de lo que haces.*
> *¿Dónde está la verdadera paz y verdadera gloria?*
> *¿No es en mí?*
>
> *Y el que no busca agradar a los hombres, ni los temores de su descontento, gozará de mucha paz, Col. III. 22. Toda la inquietud del corazón y la distracción de los sentidos surgen del amor desmedido y del miedo sin importancia.* Teme a Dios y no tendrás la necesidad de tener miedo del hombre.*
>
> *Muchos dicen cosas y hay que creerles poco. No es posible satisfacer a todos.*
>
> *Hijo, funde tu corazón firmemente en el Señor, y no temas al juicio del hombre cuando tu conciencia, dé testimonio de la piedad y la inocencia.*
>
> *Mientras el sufrimiento** parezca grave para ti y busques desaparecerlo, siempre vas a estar mal contigo, y el sufrimiento del que huyes en todas partes te seguirá.*

Podemos reproducir aquí la famosa respuesta de A. Lincoln a los que les suplicó rechazar las críticas injustas sobre él y su divulgación:

> *Si tuviera que tratar de leer, y de responder, todos los ataques que me hacen, esta tienda podría cerrar por cualquier otro negocio. Hago lo mejor que yo sé, lo mejor que puedo, y pretendo*

---

* Si sumamos amor desordenado de alabanza y vano temor de censura, padeceremos.

** En el contexto actual, el sufrimiento a causa de la calumnia o diversos comentarios que deben ser superados.

continuar haciéndolo así hasta el final. Si al final me quedo con todos los derechos, entonces lo que se dice contra mí no importa. Si al final me hace ver mal, entonces aunque estén 10 ángeles jurando que yo tenía razón, no hará ninguna diferencia.

Puesto que el objetivo de este libro es concientizar en servicio a la sabiduría colectiva de los antiguos, así como modernos, en la medida en que sea posible en nuestro esfuerzo por llegar a la vida superior, reproduzco a continuación la observación racional de un gran ministro moderno, Harry Emerson Fosdick:

"Mucha gente se pone muy sensible con las críticas. La sensibilidad a la opinión de otros, sin la cual la vida social no podría existir en absoluto, ¿se ha convertido en una enfermedad? Estas personas anormales le tienen aprecio a la crítica, las personas normales toman las críticas por sentado y cuando son en reconocimiento lo ven como un ***bono****".*

❑❑

16

Caminos hacia la santidad - I

Si, pues, coméis o bebéis, o hacéis otra cosa, hazlo todo para la gloria de Dios.

—I Cor. 10:31

Nutriendo la santidad

Hemos visto al sabio Marco Aurelio declarar: "Los rendimientos de la existencia terrenal, la cosecha, la santidad de carácter y el altruismo en acción". La santidad no es un fin, sino sólo el medio, no es una manifestación externa, sino una condición interior. No se consigue con sólo pedirlo, tiene su precio. Y requiere disciplina, vigilancia y práctica diligente.

Para Navidad hemos creado el árbol de Navidad y decoramos nuestras casas para el festival. En su ausencia no es probable sentir el ambiente de este particular festejo.

Por el contrario, si hay una muerte en la familia, es fácil distinguirlos, traen la misma vestimenta y el porte de luto. Un aristócrata hace acto de presencia en su barrio creyéndose mucho al tener limusinas, casas de lujo, con jardines, interiores elegantes y así sucesivamente.

Del mismo modo, si queremos alimentar la santidad en nuestros pensamientos y acciones a través de ellos en nuestras vidas, debemos vivir en la atmósfera adecuada. No me refiero a que cada uno llegue a la vida superior, la vida debe tomarse como el proverbio "paño y cenizas". Pero vivir de apariencias es difícil que sea congruente con la vida espiritual, asociamos la piedad no sólo con la limpieza, sino también con sencillez y lo no ostentoso, el aspecto exterior de nuestra persona, y lo nuestro interior tiene que estar en sintonía con la vida religiosa al igual que nuestra condición interior.

El Bhagavad Gita, la santa escritura de los hindúes, establece los atributos de santidad, las cualidades que distinguen a un hombre santo del mundo, de la siguiente manera:

La humildad, sencillez, nada lujoso,
tranquilidad, rectitud:
El servicio a la santidad y el preceptor,
la pureza, la constancia, el autocontrol,
aversión a los placeres de los sentidos, la ausencia de egoísmo,
la reflexión constante sobre los males de nacimiento, la muerte, la senilidad, la enfermedad y el dolor,
identificación de Lucro (desprendimiento) de sí mismo con el hijo, esposa, el hogar y el resto,
imperturbable, la mentalidad uniforme incluso en un ambiente agradable
y sucesos desagradables,
inquebrantable devoción a Dios, la soledad,
disgusto por la compañía de hombres de mente mundana,
aplicación del conocimiento espiritual,
comprender el verdadero propósito de los conocimientos
y lo que es el verdadero conocimiento,
estos son los caminos de la santidad, todo lo demás
sólo conduce a la ignorancia y el sufrimiento.

Ten en cuenta la combinación hábil de la observación externa, con la cultura hacia el interior. La lista es bastante imponente, sin duda, pero uno puede discernir el tema central que atraviesa todas, es decir, las cualidades de la cabeza y el corazón que en lugar de elevar degradan.

No puede haber muchos caminos que conduzcan al mismo destino. Del mismo modo las prácticas religiosas no tienen que ser estereotipadas y uniformes. Disciplinas como el ayuno, en la mayoría de las religiones, tienden a domar la carne rebelde, como el ansia de fumar, pero si un hombre está destinado a satisfacer, siempre terminará en una búsqueda inútil. Pero las modificaciones externas tienen que evitar la derrota, ya que su propósito al centrar nuestra atención en este órgano, es superar el deseo.

Ya hemos hablado de la necesidad de prestar servicio a nuestros semejantes, los hombres, viendo en ellos diversas formas del único Dios, que también nos ayuda a olvidarnos de nosotros mismos, mediante la participación de nuestro cuerpo y la mente en el trabajo, que alivia el sufrimiento humano de las necesidades de los demás.

Todas las religiones hacen gran hincapié en la caridad, realmente se puede decir que es el ayudar a los pobres, cuando nosotros no esperamos algo a cambio de ellos, ni están en condiciones de reembolsar. La caridad no sólo fomenta el sacrificio, sino también, un sentimiento de identidad con otros, especialmente los menos afortunados.

Si queremos cultivar nobles cualidades, tenemos que relacionarnos con personas con inclinaciones similares de mente y evitar la compañía de aquellos que tienen poco respeto por ellos. Cuando se reúnen personas afines, como es natural la conversación se centrará en temas con esos intereses. Algo que tienen en común las grandes religiones del mundo, es que han hecho hincapié en la necesidad de la asociación con los hombres santos. Admiramos a los que son de calibre superior y esta admiración allana el camino para la asimilación inconsciente de sus ideales y la emulación consciente de sus caminos. A menudo se nos guía por las grandes almas, si humildemente solicitamos su ayuda. Aquí no puedo menos que recordar el conmovedor relato de Vincent Sheean de su visita a Gandhi y cómo se sentía él y fue ayudado por el santo, no sólo en la vida, sino incluso después de su muerte.

Recordando a Dios

También es necesario recordar a Dios constantemente en todos nuestros quehaceres diarios, esto es fácil repitiendo el nombre de Dios. Podemos hacer que Dios sea nuestro compañero constante, podemos hablar con Él, consultarlo todo con él, pedir su ayuda y orientación, incluso podemos pedirle la fuerza si es que no la tenemos, a través de nuestro amor por él. La literatura religiosa nos cuenta a menudo de las experiencias mundanas. Las prácticas útiles para que podamos llevar una vida religiosa con las grandes verdades del hombre común en un lenguaje comprensible.

Así, el recuerdo incesante de Dios en la persona devota se compara con el recuerdo entusiasta por una mujer, contrario al amor ilícito de su amante. Ella puede hacer sus actividades del día en su forma habitual, pero ella lleva en su conciencia la imagen de su amado, su conversación amorosa, su rostro y características.

Del mismo modo, cualquiera que sea su preocupación, el devoto ni por un momento deja de pensar en Dios.

En la India hay una forma popular de entretenimiento, en la que un erudito narra con lenguaje popular y con ayuda de la música, historias de la épica y la mitología que son invariablemente orientadas a Dios. Este recuerdo de Dios, que a veces toma forma en las canciones del coro de las glorias de Dios, nos trae a la memoria la declaración bíblica:

> *Porque donde se reúnen dos o tres en*
> *mi nombre, allí estoy yo en medio de ellos...*
>
> ***—El capítulo 18 del Evangelio según San Mateo***

No es raro que los miembros de una audiencia desarrollen un fervor, con sus emociones han derramado lágrimas de alegría, obtenido experiencias de desmayos, incluso durante los recitales.

Como se ha señalado en otro capítulo, el hombre común no puede concebir ningún goce superior al que producen sus sentidos. Hasta que él es guiado paso a paso a niveles más altos de alegría, no podemos reírnos de él, si jura por el testimonio de sus sentidos. El punto de partida en la vida superior es la fe, la fe en Dios, la fe en la vida superior y la fe en la existencia de formas supremas de alegría. Es deber de los iluminados el educar a las masas poco a poco, y las reuniones religiosas que se refieren, sirven como medios de comunicación para su educación.

Los occidentales visitando la India harían bien en hacer esfuerzos para estudiar las técnicas de instrucción masiva religiosas utilizadas por los hindúes, donde hay poca predicación o sermones directos. Es raro que se haga una referencia directa de la pecaminosidad del hombre. Hay más memoria y recuerdo de Dios y su grandeza y en este proceso, esta sórdida existencia en el mundo, es por lo menos temporalmente olvidada. El oyente se identifica con las pruebas y tribulaciones de un alma en su ascensión hacia Dios, causado por una sociedad que lo mal entendió como rey. En última instancia, en estas historias, la devoción y la piedad triunfan, estableciendo así la invencibilidad de Dios y su justicia.

❑❑

17

Caminos hacia la santidad - II

Complete la peregrinación por la vida, como alguien que ha encomendado todas sus cosas de todo corazón al cielo.

—**Marco Aurelio**

Peregrinaciones — tres componentes distintos

Ahora vamos a tratar con otra disciplina común para la mayoría de las religiones: las peregrinaciones.

Los peregrinos, como sabemos, son personas que viajan a los lugares sagrados como un acto de devoción. Marco Aurelio concibe esta vida como una peregrinación. En América, la leyenda de los Padres Peregrinos tiene un significado particular. Cada religión tiene sus lugares de peregrinación –Jerusalén, La Meca, Benarés, Bodh Gaya y muchos otros. Es también una característica común de casi todas las religiones ordenar a sus seguidores emprender tales viajes y creer en su carácter sagrado. Monjes hindúes, durante una cierta etapa, tienen que vivir en continua peregrinación, ya que está prohibido permanecer en un solo lugar durante más de unos pocos días.

Una peregrinación tiene tres componentes distintos: El peregrino, el lugar de peregrinación y el acto de peregrinación; la santidad de un determinado lugar depende de la fe y el sentimiento. Muchas historias se construyen alrededor de esos lugares a fin de distinguirlos de los demás. En la mente de la persona que emprende una peregrinación, está la imagen del centro del peregrinaje como un lugar sagrado, con las asociaciones de hombres santos y sus actos sagrados.

Una peregrinación realmente se origina en la mente del peregrino. En primer lugar, es el anhelo, el deseo de conducir para ir en romería. En segundo lugar, una vez que se decide el lugar, ejerce una poderosa influencia sobre su imaginación. En general, el lugar elegido es uno lejano, de difícil acceso. Muchos días de caminar y en otros tiempos, este camino se tenía que hacer a pie. Cuando uno tiene que estar lejos por varios días, incluso meses, el mundo de posesiones y propiedades deben ser encomendadas a otros. Así, se deslinda uno de las preocupaciones del día a día de la vida. En esos días de larga peregrinación, difícilmente se podría equipar uno con los alimentos necesarios para todo el recorrido. Por lo tanto había que estar preparados para enfrentar las privaciones del camino, si fuera necesario.

Desde el momento en que uno lo decide, la peregrinación ocupa la mayor parte de nuestros pensamientos. Conforme van pasando los días, se desarrolla un fervor. Uno piensa cada vez menos en otras cosas y cada vez más en el lugar sagrado. ¿Se podría llegar, y quedarse frente a frente al santuario? ¿Qué pasaría si algo ocurre que nos provoque abandonar el viaje? Muchas inquietudes pasan por la mente. Pero tal ansiedad ocurre por los cuidados que damos en la vida cotidiana en este mundo.

A menudo hay cierta penitencia que se impone antes y durante el viaje. Algunas religiones tienen como pacto el ayuno, la continencia, la meditación y la repetición en nombre de Dios, las restricciones en cuanto al color de la vestimenta, la prohibición de afeitarse o cortarse el cabello durante la duración de la peregrinación y muchos otros. Hay que hacer un voto de dejar al menos un vicio o una mala costumbre. Un peregrino no debe rechazar cualquier solicitud razonable de un miembro de la peregrinación.

La idea detrás de las peregrinaciones

¿Cuál podría ser la idea detrás de tales peregrinaciones? Uno puede concluir razonablemente que constituyen una prueba de pensamiento superior, y en lo espiritual, la vida desinteresada. Las funciones del cuerpo, la mente y el intelecto y, por tanto del alma, están en sintonía con una vida superior. Todas las debilidades habituales, la maldad y el egoísmo, son abandonadas por un tiempo. El que ayuda, es ayudado, en efecto, da un nuevo modo de vida. Quedando frente a frente en el santuario, es la hora del triunfo del alma o del espíritu sobre la carne (cuerpo físico). Cuando se ha llegado a esta consumación devota, deseada y alcanzada, los peregrinos regresan a su casa y a su vida normal. ¿Le dejará una impresión imborrable en su vida a partir de entonces?

Hay muchos libros excelentes de experiencias grabadas de peregrinos, como *El progreso del peregrino* de Bunyon que es, por desgracia (o por fortuna) una alegoría. Hay una hermosa historia del conde León Tolstoi sobre "Dos viejos" en una peregrinación a Jerusalén. Uno no debe dejar de leerlo, es tan simple, pero tan lleno de significado. Existe un registro inusual de experiencias milagrosas, que son de gran interés para los religiosos, así como para lo mundano, el relato de un famoso científico de otro peregrinaje, *Un viaje para Lourdes* del Dr. Alexis Carrel, quien acompañó a un paciente en las etapas avanzadas de tuberculosis, a Lourdes, el famoso centro de peregrinaje y del escenario de muchos milagros. En realidad, fue un viaje en el que se encontró el joven Carrel. Como el Dr. A.J. Cronin ha señalado, los médicos rara vez comienzan como creyentes. Por lo tanto, el doctor Carrel cuenta sobre la cura milagrosa, de la que fue un testigo presencial, abrió los ojos y eso lo llevó a creer en el poder insuperable de la oración que ha compartido con otros en una serie de escritos sobre el tema.

❑❑

18

Ideas nuevas o viejas

El conocimiento llega, pero la sabiduría persiste.

—*La Biblia*

Todo cambio no es progreso,
todo el conocimiento no es sabiduría.

—**Abraham Lincoln**

Reverencia por todo lo que está en la tierra

Puede ser que tú hayas oído hablar de la gran epopeya de los hindúes, el Mahabharata, una referencia que ya se ha hecho antes. Es la historia de una raza guerrera de la India antigua. Los jefes de los dos clanes, Yudhistira y Duryodhana, fueron estudiantes en contraste, y hay muchas anécdotas que ilustran sus respectivos esquemas mentales. Un par de ellas narradas a continuación.

Cuando ambos eran estudiantes, su maestro, Drona, tenía razones de sobra para ser parcial con Yudhistira que llevó a cabo la protesta continua de Dritarashtra, el padre ciego de Duryodhana y tío de Yudhistira. El preceptor quería demostrar si su preferencia estaba justificada. Un día, en presencia del rey ciego, a cada uno de los dos príncipes se le dio una moneda de oro por separado sin el conocimiento del otro. Se les pidió que gastaran el dinero y llenaran una habitación que le había sido asignada a cada uno, la cual estaba vacía y oscura…

Sin dudarlo Duryodhana fue a la plaza del mercado, compró un carro de carga de heno con el dinero y llenó la habitación que le había sido asignada. Mientras que Yudhistira compró una pequeña lámpara y un poco de aceite, lo encendió y llenó la sala que le había sido asignada, con luz.

En otra ocasión, otra prueba les fue dada de nuevo a los dos príncipes. Duryodhana fue llamado primero y se le pidió que fuera alrededor, entre sus amigos y conocidos, a buscar un hombre que fuera superior a él en aprendizaje de la destreza. Le tomó poco tiempo y regresó triunfante anunciando que su misión había terminado en un fracaso total, no pudo encontrar a un solo hombre que fuera superior a él en ningún aspecto. Luego Yudhistira fue convocado y le fue dada una tarea similar, pero de manera diferente, lo opuesto, se le pidió que encontrara a una persona inferior a él. El niño buscó ardientemente en la capital entera y él también informó completo fracaso. No pudo encontrar ninguna inferior a él.

¡Le han llamado la moral! Muchos occidentales han visitado el subcontinente hindú y varios han registrado sus observaciones y descubrimientos de la India. En un extremo se encuentra la conocida Miss Mayo que levantó las manos en santo horror a la miseria y la total falta de decencia en este país. Gandhi humorísticamente caracterizó su libro: *El informe de un inspector de drenaje*. Otros han llegado a algo medio, se encontraron con algo bueno y algo malo. Esto también es comprensible. Pero unos pocos no encontraron nada muy repugnante, salvo la extrema pobreza de las masas y algo digno de imitar. En esta última categoría encontramos a Vincent Sheean que ha mostrado perspicacia, sinceridad y mente abierta en su libro sobre Gandhi, *Bondadosa luz guía*. Él no trabajó duro para darle un nuevo significado o giro a algunas de las cosas miserables que existen en las tierras antiguas de la India.

Muestra gran penetración en la evaluación de la importancia de varios aspectos de la vida de los hindúes, especialmente en la lectura del significado del fenómeno de la Darshan, que revela su deseo sincero de entender la mente hindú. En mi opinión, aun Sheean ha fallado al notificar un gran trato en la vida y el pensamiento de los hindúes. Es respeto, reverencia, no sólo para la vida, sino para casi todo en la tierra.

Si bien la vaca y el mono son animales sagrados para los hindúes, la serpiente es un reptil sagrado, un juglar de indigentes es sagrado y si tienen un visitante sorpresa, es porque el desconocido no sabe que estos son sólo algunas de las mil y una cosas que son sagradas para los seguidores del hinduismo. Un árbol de higuera de Bengala es sagrado, el agua es sagrada, un río es sagrado, el pobre es Daridra Narayana, Dios en la forma de los pobres. Un invitado, el maestro, el padre, la madre, todos ellos son dioses. Una cita bien sabida de los antiguos Vedas (textos sagrados de los hindúes) declara: Antes de embarcarse en cualquier aventura, la gente paga por respeto a los ancianos para postrarse ante ellos y buscar sus bendiciones para el éxito. De hecho, no sólo son seres animados e inanimados, en reverencia, pero casi todas las funciones del cuerpo humano también son sagradas. Comer es santificado al ofrecer el primer alimento a los dioses. El baño es santificado por un imaginario o real chapuzón en el río Ganges, que es, por supuesto, santo de los santos, el canto es sagrado y hasta la llegada del cine moderno, todas las canciones fueron kirtans, los himnos cantados para la mayor gloria del señor, bailando al estilo hindú, que es totalmente diferente de lo que pasa en el oeste, es abhinaya o actuando, representando los diferentes episodios en el deporte divino.

Incluso la sensualidad es sagrada, una función biológica como la relación sexual es sagrada, hay una ceremonia religiosa especial aparte de los rituales del matrimonio, para iniciar a los recién casados en el acto sagrado de Garbha Dan, es decir, regalos de su progenitor. Otro ordena un texto sagrado, entre otras cosas, para "visualizar la alegría y la inmortalidad de los órganos de la procreación". Pero lo que no es tan obvio para el extranjero, es que el sentimiento sublime de respeto surge desde una perspectiva que ve el Dios único en toda la vida, sensible o insensible, la actividad de todos y toda la materia, en fin todo.

Esta actitud ha penetrado en la vida de los antiguos hindúes de manera tan completa que los extranjeros sin escrúpulos se afianzaron en sus tierras, que fue el comienzo de los imperios de varios invasores, merodeadores y comerciantes. Sin embargo, esta reverencia ha permitido lograr a los hindúes una mezcla incomparable y armoniosa de lo religioso y lo terrenal. La consecuencia ha sido que hasta los más pobres tenían un brillo de satisfacción, una luz inconfundible y tenue de felicidad cuando en realidad pueda haber una existencia independiente, miserable y terrenal.

El hinduismo como religión ha sobrevivido a todas las vicisitudes. Los avances realizados por otras civilizaciones en la cultura de la antigua India, han comenzado a tener sentido y en un futuro no muy lejano la vida de los hindúes, incluso de los ignorantes y analfabetas, promete convertirse en una loca carrera por el bienestar material y físico, en detrimento, casi abandono, de su extrañamente contenida existencia. No sirve de nada ser nostálgico, como todo, el progreso cobra su peaje y no se puede aguantar mucho con los antiguos modos de vida conforme pasan los años

Los cuatro "finales" de la vida humana

Otro concepto de los hindúes, son los cuatro "finales" de la vida humana, *purushartha*. Un hombre debe esforzarse por lograr cuatro cosas en la vida. Ellas son; justicia de la virtud a la que se le ha dado el primer lugar, como se ha dicho en la Biblia —"buscad primeramente el reino de Dios"—, para descansar emocionalmente es útil la prosperidad material, el goce legítimo de los sentidos y, por último, la liberación o absorción de Divinidad final. Un hombre adulto se esfuerza para alcanzar simultáneamente los cuatro "finales", aunque lo correcto es poco a poco. Dentro de los límites de la justicia y la aspiración a la liberación, los otros dos deben ser seguidos. La prosperidad material le permite a uno estar en posición vertical en sí mismo y dando servicio a sus semejantes. El hombre tiene que saciar su sed de placer con los sentidos, de lo contrario su mente seguirá deteniéndose en ellas, lo que obstaculiza su progreso, "conocer, disfrutar, escapar y proceder".

Pisándole los talones a la idea anterior, está la división de la vida de un hombre en cuatro *ashramas* o etapas. Son el continente, la vida austera de un estudiante, luego se convierte en la cabeza de una familia (matrimonio con el servicio a la familia y la comunidad que lo diferencien), en tercer lugar, viviendo una vida retirada (por lo general en el bosque) para sí mismo buscando la preparación para la última etapa, a saber, la vida de un anacoreta. Esta división formal, es para el hombre común puesto que ha habido muchos casos de jóvenes estudiantes, saltando la intervención de las dos etapas y el lanzamiento de sí mismo como un ermitaño.

Me pregunto si estas etapas divididas de la vida no tienen relevancia en los tiempos modernos. Los estudiantes deben dedicarse exclusivamente a sus estudios. ¿Eso están haciendo ahora? Algunos papás le aplican una disciplina rígida a los estudiantes jóvenes, cuando están en sus años de formación porque es donde se sientan las bases para una vida equilibrada para que cuando sea adulto, y entre en la etapa de observar su autocontrol, se vuelva menos complicada debido a la formación previa.

También es necesario entrar a la vida matrimonial en cuanto los jóvenes están en buena forma física o maduros. En la civilización de hoy en día, donde las autoridades de la medicina moderna y la psicología promedio, retrasan el matrimonio demasiado, por lo tanto, hay una gran tensión en los jóvenes en la observación de la continencia y la castidad pre marital y la mujer cuando se casa se convierte en madre un poco tarde, más tarde que el periodo en que ella está mejor equipada por la naturaleza para hacerlo.

Una vida retirada, a excepción de los funcionarios y empleados públicos de niveles inferiores, ¿existe una edad de jubilación frecuente? En particular, el exitoso hombre de negocios, que es su propio jefe, ¿hay un poder que puede hacer que se retire? Puedes preguntarte por qué un hombre debe retirarse cuando está dispuesto a trabajar por un periodo más largo. ¿Por qué los empleados del gobierno estipulan eso? Hay muchas razones, y una particular que no es muy terrenal. Una vez que un hombre se libera de la necesidad de trabajar para ganarse la vida, puede consagrarse al servicio de su comunidad y a Dios más intensamente. Todos no pueden tener el gusto de entrar en la fase siguiente, la de un ermitaño. Como cuestión de hecho, nadie puede. Un hombre que ha vivido una vida plena, cuando llega a una etapa en la que no hace muchas cosas, como antes solía hacerla y puede darle la misma satisfacción en el disfrute por más tiempo.

Con el advenimiento de la vejez, un hombre deliberadamente trata de frenar un poco su turbulencia, porque su energía no puede someterse a esa imposición a la misma velocidad que antes. Él tiene que encontrar la satisfacción y la alegría en un nivel completamente diferente. ¿Puede haber alguna alegría, especialmente para un hombre de edad avanzada, igual a la de la vida superior de la inteligencia y el espíritu? Quien lo creó va a llamarlo un día, más temprano que tarde. ¿No te gustaría partir con la satisfacción de haber puesto tus cosas y asuntos en orden, con el corazón y la mente esperando conocerlo? ¿Son de más peso los argumentos necesarios para prepararse para un fin tan glorioso, donde la vida del jubilado sea realmente buena, sobre todo si se retira del negocio en el momento adecuado?

La línea que divide a los ortodoxos y heterodoxos, lo religioso y lo secular, la Ciencia y la superstición, es de hecho una línea muy delgada. Nunca podemos cortar en pedazos nuestro pasado y nos apegamos al futuro de un solo golpe, es una progresión constante, pasado, presente y futuro. Y en realidad, no existen tales distinciones en la eternidad. Pero, ¿cuándo tiene el hombre moderno tiempo para reflexionar?, esto es, de hecho, la tragedia de nuestros tiempos.

❑❑

19

Una canción del alma

Aunque la tierra y la luna se fueran,
y el sol y universo dejaran de existir,
y tú estuvieras solo,
toda la existencia existiría en Ti.

— **Emily Bronte**

El principio de la vida es igual en todo el mundo

La conversación ordinaria del hombre (sin distinción de nacionalidad o religión) tiene una capacidad misteriosa para revelar profundas verdades religiosas y filosóficas. Para ilustrar, mientras hablamos de los diferentes miembros, es decir, de las extremidades de nuestro cuerpo, siempre nos referimos a ellos como algo aparte, algo distinto de nosotros mismos. Esta es mi mano, mi pierna, mi corazón, mi mente y así sucesivamente. Cada uno de ellos, queda claro que no soy yo mismo. De lo contrario, no se referirían a ellos en esos términos. Cuando un hombre muere, su cuerpo (los restos mortales, en un lenguaje elegante) es enterrado o incinerado. Si estas unidades, cuerpo, mente, intelecto, no son mías, ¿entonces quién soy? Obviamente, el alma, no sólo la respiración. Sólo en su presencia un hombre es un hombre vivo, de lo contrario es un cadáver.

Ahora un poco de reflexión nos convencerá de que a pesar de que los seres aparecen por separado, el principio vital es el mismo en cada uno. ¿Cómo es esto? En tu casa tienes varios aparatos eléctricos: las luces, la estufa, el refrigerador, ventiladores, el televisor y otros. Para todos estos instrumentos, el poder que está detrás es la energía eléctrica que es invisible al ojo humano. Un corte de energía hace que todos estos artículos terminen "muertos". Por lo tanto la energía eléctrica que activa estos aparatos diferentes, es la misma en cada uno de ellos. Los incendios pueden estar aparte en todas las chimeneas, pero el fuego es igual en todas partes. Del mismo modo, el principio de la vida que está detrás de todos los seres animados e inanimados es uno que se llama indistintamente "Tierra Divina ", Tao, Atman, persona y así sucesivamente.

Sin lugar a dudas podemos reconocer que la Tierra Divina es el motor común en todos nosotros, aunque pertenezcamos a las aves, al reino animal o vegetal o la especie humana, podemos establecer a la vez que todo el universo es básicamente uno, eliminando las ideas de la separación. A continuación, todos los conflictos cesarán.

Las grandes religiones proclaman que nuestros pecados nos alejan de Dios, o se equivocan cuando nuestros actos están motivados por pensamientos de dualidad o separación. Pocos dudan la existencia de Dios, pero no es fácil ver al mismo Dios en cada uno de nosotros, ni siquiera teóricamente. En la práctica es aún más difícil. Sin embargo, el conocimiento real consiste en esta realización.

Para aquellos que no han llegado a esta cumbre de conocimientos, es muy difícil, si no es que imposible, concebir a Dios sin forma, y aún más difícil de describir un Dios sin forma. Una vez que precisamos a definir o describir, se imponen limitaciones mientras que Dios es ilimitado y es infinito.* Es por eso que los orientales recurrieron a un método de la negación, en lugar de la afirmación, Dios no es esto, no es eso. Él no es así, ni así. Mediante este proceso de eliminación o exclusión, llegan a la conclusión de que la tierra divina es el conocimiento, la existencia de la felicidad absoluta. Él se conoce como Él en Su aspecto personal y en Su aspecto impersonal. Es la existencia absoluta porque es el sub manto de toda la vida. Es el conocimiento absoluto, ya que es la entidad en cada ser, el testigo, la conciencia pura, que sabe que tú sabes o no sabes. Es la dicha absoluta, porque la alegría o la felicidad en cualquier forma o cualquier tipo de experiencia, es sólo una idea o partícula, minutos de ese océano de alegría, de la alegría absoluta. No hay nacimiento, muerte ni cambio.

El alma es la partícula de la tierra divina

No es este cuerpo, la mente, el intelecto o el ego lo que nos da la felicidad eterna. Es sólo el alma que a su vez es una partícula del alma universal de la tierra divina. Si queremos buscar el hogar en la bienaventuranza eterna y los buenos augurios, la vida eterna y el conocimiento ilimitado, tenemos que "mirar hacia adentro". Se trata de ver "dentro de nosotros mismos". En este contexto, la siguiente canción del alma, es un clásico que debes leer con interés:

Independiente soy yo, del conocimiento de la existencia de la
dicha eterna soy yo,

---

* "Si Él pudiera clasificarse con algunos adjetivos, Él ya no sería más Dios".

—Narren Weaver

yo soy, como soy, que no se minimiza,
Inmortal, factor infinito.
Eterno, siempre puro, siempre estoy liberado,
mi única forma, de la naturaleza soy yo, estoy inspirado por toda "dicha"
yo soy, como soy, que no se minimiza, inmortal, factor infinito.
Eterno, infinito, mi única forma, de la naturaleza
pura Luz que se deleita en mi propio yo,
yo soy la Paz que se encuentra más allá de la naturaleza,
yo soy la naturaleza siempre con "dicha"
yo soy, como soy, que no se minimiza,
inmortal, factor infinito.
Yo soy la Verdad Suprema que está más allá de todas las verdades,
de la ilusión, Yo soy la Luz Suprema,
yo soy, como soy, que no se minimiza,
inmortal, factor infinito.
Soy diferente a los múltiples nombres y formas,
conocimiento puro es mi forma, yo soy el
eterno,
soy alegre de naturaleza,
yo soy, como soy, que no se minimiza,
Inmortal, factor infinito.
Soy de la forma Interior, como yunque
inmutable,
impregnable, yo estoy en mi verdadera naturaleza (nada menos que) el Ser Supremo,
yo soy, como soy, que no se minimiza,
inmortal, factor sin fin.
Yo soy un testigo de la Naturaleza, de todos los pares de opuestos,
inmóvil, el más antiguo, en mi forma yo soy "Él"
eterno Testigo de todo
yo soy, como soy, que no se minimiza,
Inmortal, factor infinito.
Soy una masa de conciencia, soy una masa de conocimiento también,
yo soy (alguna vez) cero emprendedor, sin disfrute,
yo soy, como soy, que no se minimiza,
inmortal, factor infinito.

Yo soy mi verdadera naturaleza, no necesito otro fundamento ni soporte,
porque a la vez estoy en mi verdadera naturaleza.
La base o soporte de todas las cosas y los seres.
Estoy contento de la propia naturaleza,
autosuficiente, tengo todos mis deseos cumplidos.
Yo soy, como soy, que no se minimiza,
inmortal, factor infinito.
A través del conocimiento y una repetida discriminación,
uno se da cuenta de que es más que un testigo,
tal persona, establecida en "Soy conciencia"
¿es el sabio liberado?
Ollas, platos, tazas, están todos en esencia, pero nada está en
el barro en el que han sido formados.
Así también el mundo de los objetos enteros es fenomenal
nada más que la verdad suprema
así surge el conocimiento divino.
La base o soporte para todas las cosas y todos los seres.
Estoy contento de la propia naturaleza,
autosuficiente, tengo todos mis deseos cumplidos.
Yo soy, como soy, que no se minimiza,
inmortal, factor infinito.
A través del conocimiento y una repetida discriminación,
uno se da cuenta de que es más que un testigo,
tal persona, establecida en "Soy conciencia"
¿es el sabio liberado?
Ollas, platos, tazas, están todos en esencia, pero nada está en
el barro en el que han sido formados.
Así también el mundo de los objetos enteros es fenomenal
nada más que la verdad suprema
así surge el conocimiento divino.

❑❑

20

¿Qué estamos esperando?

El pensamiento lleva al hombre de la esclavitud hacia la libertad

—**Emerson**

El secreto de la autoliberación

Tengo la más alta admiración por Dale Carnegie. Él fue probablemente el primer hombre de los que están fuera de la iglesia y que se recordará por mucho tiempo a través de su libro, *Cómo ganar amigos e influir sobre las personas* por pensar en los sentimientos del otro en lugar de los propios.

Excelente regla que se refuerza con una serie de ejemplos. Pero el problema es que no va lo suficientemente lejos, por la sencilla razón de poner beneficios antes de principios, en particular principios religiosos.

Creo que debe haber sentido lo mismo. Porque sacó un segundo libro con un fondo diferente que llevaba el título *Hasta la tierra.* ¿Cómo dejar de preocuparnos y empezar a vivir?, lo que normalmente podría haber sido llamada "La búsqueda de la paz que sobrepasa todo entendimiento" o algo por el estilo.

Al haberse apegado al enfoque puramente terrenal en su obra anterior, pudo retroceder desde la creación, lo que nos da una impresión de que se había vuelto religioso de repente. Tal vez su regreso a la religión no fue espectacular. Pero al mismo tiempo está ahí para que todos lo puedan ver y dar testimonio. Ha hablado de hacer el bien sin esperar gratitud, que es la filosofía sólida que nos ha exhortado a rezar.

¿Es que la religión no es práctica? No recuerdo haber leído algo de esto en su obra anterior.

Pero de nuevo me veo obligado a unirme al tema de una de sus hipótesis sobre cómo dejar de preocuparse.

Dale Carnegie cites a Stephen Leacock:

¡Lo extraña que es nuestra pequeña procesión de la vida!
El niño dice, "cuando sea un chico grande". Pero ¿qué es eso?
El chico grande dice "Cuando yo sea grande", y luego, cuando
ha crecido, dice, "cuando me case", pero cuando estás casado,
¿qué sigue después de todo?, los cambios de pensamiento
"¿cuando es tiempo de retirarse? y, cuando llegue la jubilación, mira hacia atrás el camino que has atravesado;
un viento frío parece barrer sobre él, de alguna manera se ha perdido todo y eso se ha ido.....".

Y concluye en que siempre estamos posponiendo todo en la vida y pensando patéticamente. ¿Qué estamos esperando?, mi opinión es que el joven escolar tiene miedo a crecer fuera de su escuela, a casarse, a esperar su jubilación, y así sucesivamente, mas no significa que no esté viviendo en el presente. En un plano más terrenal, siento que no se preocupan del presente por la sencilla razón de que estamos en él, sabemos que lo tenemos a la mano, es el pensamiento del mañana que aún sin nacer la esperanza inspira tristeza o inyecta emoción en el pecho de un hombre.

Él tiene poder (si sólo él se diera cuenta) para moldear el futuro y lograr lo que no ha logrado hasta ahora en su vida, o repetir el éxito que ha probado antes o es probable que lo goza en la actualidad. Podemos recordar las sabias palabras de Barnie Baruch, quien tuvo la rara distinción de ser asesor de una sucesión de presidentes de América:

He conocido desilusiones personales
y desesperación, pero siempre
el pensamiento del mañana me motiva,
he visto hacia el futuro toda mi vida, aun lo hago.
Sigo creyendo que con valentía e inteligencia,
podemos hacer un brillante futuro de ideales.

La fuerza motriz

El motor que impulsa a los hombres a mirar hacia el futuro, no es, repito, el mero aplazamiento sólo del hecho de vivir, es la búsqueda, eterna (aunque inconsciente) de libertad.

El chico de la escuela quien inteligentemente acata la restrictiva educación escolar, espera ser libre una vez que abandone sus estudios, el hombre soltero espera con interés la vida conyugal porque siente que le traerá más libertad al ser la cabeza indiscutible de una familia, el dictador benévolo.

El hombre en la juventud espera ansiosamente la jubilación, ¿qué espera?, o mejor dicho, realmente cree que estará libre de la necesidad de ser esclavo para ganarse la vida o conformarse con los convencionalismos de una vida de trabajo. Hemos logrado un quinto día débil, porque quería ser libre durante los fines de semana.

Se oye hablar de muchas libertades: política, del miedo, el hambre, la pobreza, el analfabetismo, la libertad de culto.

¿Quién no ha oído hablar de las famosas cuatro libertades de Franklin Delano Roosevelt?, el poeta y filósofo de la muerte, llamada la libertad del alma, la liberación de la prisión del cuerpo físico:

Teniendo sed de libertad,
estás siempre apagado.

Incluso la conducta del joven jugando a los novios, casado y con mujeres que buscan el placer fuera del matrimonio, desafiando los escrúpulos legales o religiosos, son expresiones simbólicas a menudo de la necesidad de afirmar la propia libertad. Por lo tanto, la búsqueda de la libertad sigue y sigue, pero por desgracia la libertad que es tan buscada se evapora el momento en que entramos en el estado que se quería y nos volvemos prisioneros.

Vale la pena reflexionar sobre este concepto tentador de la libertad difícil de alcanzar, la libertad en una situación determinada y por lo tanto relativa.

Para un prisionero, ¿qué significa la libertad? Es lo que le hace sentir qué obtendrá al salir de prisión.

Espíritu eterno de la mente sin cadenas,
más brillantes en las mazmorras, ¡la libertad eres tú!,
tu habitación es el corazón
el corazón que el amor hacia ti mismo
es el único que te puede obligar a…

—Byron, ***El prisionero de Chillion***

Sujeta a una nación, la libertad significa ausencia de la dominación extranjera, pero la libertad de un país no es que sea libre, porque es un concepto que no se puede aplicar en ellos.

Los que no tienen todas las libertades, ¿por qué aún no se sienten libres? Como en el caso de la felicidad, es probable que puedan aprovechar la libertad real de cualquier agente externo, ya que está en nuestras mentes.

La intuición sublime del poeta muchas veces florece en las más altas verdades de carácter filosófico, como se puede ver en alguna de las siguientes frases:

Muros de piedra no hacen una prisión,
ni barras de hierro una jaula,
mente inocente y tranquila,
para un ermitaño,
si tengo la libertad de amor,
en mi alma soy libre
los ángeles, que se elevan por el cielo,
disfrutan de semejante libertad.

—Lovelace, *A Althea de prisión*

Mi mente para mí es un reino,
tales alegrías en el presente encuentro
que supera otros gozos.
La tierra nos ofrece crecer;
aunque tanto quiero, tanto obtengo
y aún así mi mente me prohibe desear.

—Edward Dyer
Mi mente para mí un reino es

Pero debe admitirse que los orientales, sobre todo los antiguos hindúes, poseen una puntuación superior a los seguidores de otras religiones, al entrar en el meollo del problema. Para ellos la liberación es el límite de la existencia.

Es la ruptura de todos los grilletes que unen las mentes humanas y no lo que restringe a su persona. Cuando nos damos cuenta de la verdadera naturaleza de nuestra alma, podemos ver que es eternamente libre, pero que la mente se siente desilusionada por estar siempre vinculada a la ignorancia; cuando nos damos cuenta en la meditación que somos almas, que podemos acariciar el alma universal que todo lo invade, cuya verdadera naturaleza es la alegría incondicionada, la conciencia y la existencia pura absoluta, somos libres, somos verdaderamente liberados.

Tenemos que meditar constantemente en este concepto, afirmar nuestra libertad y sentirnos libres.

Similitud en la expresión

Existe una sorprendente similitud en las expresiones de los místicos de diferentes países y religiones que han atravesado el velo y la percepción de la unidad de toda la existencia. Su hermandad es única.

Su unanimidad es incuestionable, su perspectiva tiene una uniformidad que ha surgido de forma espontánea.

¿No es un signo de unidad esencial de la humanidad que cada vez que un gran líder religioso hizo su aparición en cualquier lugar, su influjo en las masas había sido más grande que la de los reyes y conquistadores, dictadores y déspotas? Puede ser que haya oído hablar de Shankaracharya (es decir, Sankara, el profesor) y el gigante intelectual místico que atravesó el subcontinente vasto de la India en el siglo VII como un coloso. La conquista de la mente de sus compatriotas sonrojó las victorias militares de los más poderosas de los conquistadores políticos, pasados y presentes.

¿Cuál era el secreto del poder supremo?, declaró y demostró de la manera más científica que "la divinidad" sólo es real, el mundo fenoménico es relativamente irreal, el alma individual no es más que el alma universal, científica, porque exhortó a que ningún postulado debe ser aceptado por cualquier persona que no se resista a la prueba de razonamiento rígido y sin remordimientos. Era el más grande de los conquistadores del espíritu y por el espíritu. Una conquista que libera, a diferencia de la conquista militar que esclaviza. Sólo se había producido un igual a él, Jesús Cristo.

¿Cristo hizo prever una conquista militar del mundo para proteger los principios del cristianismo?, como cuestión de hecho lo hizo alguna vez y lo proclaman como el fundador de una religión que lleva su nombre, sin embargo, los seguidores de Cristo Sankaracharya abrazaron el hinduismo y el cristianismo, sin embargo rechazaron a estos dos grandes maestros.*

Si en vez de ser una fuerza vinculante, que une a una edificante fe, fuera una fuente de la verdadera libertad, la paz y la alegría, de la hermandad del hombre, una unidad de toda la vida sensible, la religión ha dejado insensible al hombre desinhibido en la autoría material e intelectual de todo tipo de locuras y la peor de toda las locuras, es la guerra y no es error de la religión.

Tampoco es correcto culpar a la ciencia o a los científicos de nuestra falta de humanidad.

George Bernad Shaw nos dice:

> *La ciencia y la religión en conflicto se reflejan en un mundo políticamente suicida, en una guerra mundial suicida. La noción popular de que uno de los dos debe estar bien y el otro no, es un razonamiento equivocado en absoluto, pero poco irreflexivo al saltar las conclusiones.... si pudiéramos tener toda la razón, las contradicciones entre ellas desaparecerían.*
>
> *Debemos tener una ciencia religiosa y una religión científica en una síntesis única.*

❑❑

---

* La alusión es a la famosa declaración de Louis Fischer, en *Gandhi,* de que él abrazó a Cristo, pero rechazó el cristianismo.

21

Capturarlos jóvenes

¡Oh, si hubieras atendido a mis mandamientos!
Entonces tu paz sonaría como un río.

—*Isaías 48:18*

Enfermería de mentes juveniles

El otro día me sorprendí al ver a un adolescente de dieciséis años leyendo de una manera opaca y sin vida el hermoso libro del Cardenal Newman *Un verdadero caballero.*

Para este adolescente no significa nada más que una simple obra literaria que se debe leer para poder responder un posible examen.

Recuerdo claramente lo excelente que me sentí cuando leí un resumen de la misma obra, en la primera página de un diario, cuando era un adolescente.

Esa foto causó una impresión indeleble en mi mente juvenil, la corté y la pegué en mi colección de "material de inspiración". Lo he leído varias veces y casi lo aprendí de memoria. Me gustaría creer que lo he aprovechado. Aparte de beneficiarme, soy el más rico al ser capaz de apreciar sus excelentes obras, tanto en estilo como en contenido.

Sentí compasión por el muchacho y probablemente toda su generación no pueda disfrutar el idealismo como yo lo disfrutaba.

Un amigo mío en quien yo confiaba, me quiso tranquilizar diciendo que a una persona que muestra gran interés en el estudio de la ciencia (que fue el caso de este muchacho), cualquier otro tema que no le provoque cierta fascinación no le interesará; francamente, no me hizo sentir mejor.

Probablemente cuando era niño trataron de inculcarle algún idealismo, pero el ambiente del círculo en el que estaba no le permitió disfrutarlo y lo poco que pudo haber absorbido debe haberse evaporado.

He oído decir que el agradecimiento no reside únicamente en forma natural en los niños, sino que tiene que ser plantado en su mente y su carácter.

¿Podría ser igual en casi todos los nobles sentimientos que encuentran un lugar en el corazón humano? Lo sublime de la verdad, la gloria del sacrificio, el calor de la compasión, todos son temas que tienen que ser meditados, y fijados con firmeza en nuestra conciencia si vamos a exponernos a su influencia humanizadora.

La educación lamentablemente hoy en día tiene pocas oportunidades de ganarse a las mentes jóvenes para inculcarles las formas de vida elegantes e idealistas. Parece que estamos por desterrar todos los sentimientos nobles de la vida de las generaciones futuras, por no tomar la iniciativa en estos asuntos.

Esta pasividad, la indiferencia en la instrucción de los jóvenes en los asuntos del corazón y el espíritu, es el mayor incumplimiento de deberes, y siendo culpables, equivale a una traición de la confianza depositada en nosotros por parte de sus ancestros.

No estamos sosteniendo la antorcha desde abajo.

Como Edmund Burke ha dicho:

Todo lo necesario para que el mal triunfe,
es que los hombres buenos no hagan nada.

Hemos sido parte fundamental en la entrega de la instrucción moral y religiosa de los jóvenes hacia los programas de televisión y películas. Ninguna maravillosa estrella de cine, ni los vaqueros, se han convertido en los héroes de la generación más joven.

En otra parte de este libro se ha hecho referencia a un ensayo famoso de Joseph Adisson "Los placeres de la Imaginación", que hablaba del placer que uno puede tener al soñar despierto con bellos paisajes como un pasatiempo.

Aquellos de nosotros que aun somos capaces de temblar de emoción por volver a capturar los hechos heroicos de Cristo, al enviar una oración por sus verdugos diciendo: "Padre, perdónalos. Porque no saben lo que hacen", o el gran sacrificio de Gautama Buda, el que robó lejos de su palacio en plena noche, con renuncia a su reino, la comodidad, la esposa y el bebé al pecho, en busca de una cura para el sufrimiento humano. ¿Cómo nos atrevemos a negar tales emociones a nuestros hijos e hijas? Les estamos robando un patrimonio muy valioso.

Francamente no tengo ni idea de cómo mis amigos adultos occidentales pasan el tiempo entre su regreso del trabajo y la mañana siguiente. Si bien es cierto que un buen número de ellos están lejos de sus hogares, asistir a las fiestas, salir a comer en restaurantes y hoteles, ver películas u obras de teatro, o conseguir un retroceso y caer en la bebida, ser testigo de la noche traviesa en un bar nocturno, creo que es la mayor tragedia, única desde la crucifixión de Cristo o el asesinato de Abraham Lincoln.

Estamos desperdiciando la oportunidad más preciosa para ser nosotros mismos dentro de las paredes de nuestros hogares, viendo crecer a nuestros hijos, cómo llegan a la edad adulta, a la femineidad y hombría, para fortalecimiento de nuestro carácter y por lo tanto de nuestros hijos.

Vamos a regresar al modo de vida de nuestros antepasados más sobrios y de paso, más felices. No quiero decir que debemos retrasar el reloj, donde se han quemado los barcos, volver no podemos.

Pero donde podemos, ¿por qué no?, vamos a pasar nuestras tardes en compañía de nuestros hijos, diciéndoles que los cuentos de heroísmo brillantes traen la belleza de nuestros más elevados sentimientos, emociones y formas de vida.

Todos hemos oído hablar de la consigna en los deportes y el atletismo: "hay que aprovecharlos siendo jóvenes". Talentos deportivos deben ser detectados y enviados a la formación práctica, cuando el aficionado es bastante joven, cuando no hay talento innato o congénito, la práctica constante ayuda, en gran parte se compensa con la falta de aptitud natural.

Del mismo modo, debemos inculcar el espíritu religioso de nuestros hijos cuando son pequeños.

La religión debe ser alimentada con leche materna, es decir, desde la infancia. No podemos dejar a un niño que aprenda la experiencia del fuego quemándose. De la misma manera, la religión no puede esperar a ser aprendida y practicada por los niños hasta que saben por su propia experiencia de lo que se trata.

A veces un niño rechaza la comida. Tiene que ser forzado a probarla.

De la misma manera un niño debe ser enseñado, incluso cuando no hay inclinación natural, tener un temor saludable es una ley moral simple.

Se lo agradecerán más adelante en la vida por haberlo enseñado. Nuestros hijos son nuestros jueces mixtos también.

Juntos debemos enseñarles urbanidad y buenos modales, los pequeños actos de sacrificio personal destinados a complacer a los demás y lubricar las ruedas del día a día en la vida. Debemos poner el ejemplo nosotros mismos.

Si el ejemplo no produce la imitación, entonces debemos usar la fuerza de manera suave, usar el poder de persuasión, convencerlos, si es necesario, amenazar, castigar o ponerlos en ridículo, en nuestras obligaciones no hay escapatoria ni para ti, ni para los hijos.

Los niños tienen que ser disciplinados

Estamos viviendo en el mundo de la psicología. Hoy en día cualquier cosa que sucede, pasa por la psicología. Nuevas palabras y frases como la represión, la fijación y la libre expresión se manejan por todos, sin excepción. No es más que un sentido común que no podemos permitir en nuestros hijos, ni siquiera a nosotros mismos para complacer todas nuestras fantasías.

Los niños tienen que ser disciplinados, pero no tiene por qué ser un proceso feroz o desconsiderado. Tú puedes hacerlo de una manera inteligente. Aquí es donde puedes probar tu carácter. Es una prueba para ti, que no puedes eludir.

Todos nosotros no podemos esperar que nuestros hijos crezcan y se conviertan en ruiseñores como Florence Nightingales o Abraham Lincoln. Tampoco es necesario.

Pero tenemos que ver que ellos ocupen su lugar como seres iluminados, como ciudadanos que respeten la ley, que sean felices y útiles a los demás, a la sociedad, a su país y por lo tanto, a su mundo. A través de la religión sí podemos lograr esto, será un logro nada despreciable. Esa será nuestra contribución individual para el bienestar del mundo.

❑❑

22

Diferentes métodos de acercamiento a Dios

Me lleva de lo irreal a lo real
me lleva de la oscuridad a la luz,
me lleva de la muerte a la inmortalidad.

—Upanishad

La naturaleza humana es esencialmente igual en todas partes

Cada individuo reacciona de manera diferente con diferentes estímulos, por ejemplo, si un hombre ha pasado por grandes sufrimientos, al llegar a una etapa de relativa facilidad y felicidad, su actitud ante el sufrimiento de otras personas puede ser cualquiera de las dos: (a) Le gustará ver que los demás sufran innecesariamente o lo trataría de evitar, y tomará sus medidas en esa dirección. Hay muchos ejemplos en la historia de enfermos que resultaron ser grandes benefactores de la humanidad. La vida de Helen Keller es un ejemplo brillante e inolvidable, la de un individuo discapacitado, abriendo camino glorioso para ayudar a la rehabilitación de los enfermos, de compañeros condenados a una existencia oscura, o una que se ve privada de los placeres de la comunicación verbal con los demás. (b) Víctima del pasado, se vuelve un cínico y obtendrá una satisfacción morbosa cuando otros tienen que pasar amarguras similares.

El caso de la nueva víctima que se convierte en una suegra cruel, es demasiado conocido. No es que no haya tercera categoría en medio del camino, la indiferencia del espectador que sólo le importa reflexionar sobre las penas de los demás. Es decir, no hay ninguna reacción, es una indiferencia ilustrada, no puede ser totalmente indefendible. En cualquier caso, hemos visto que la reacción a un estímulo varía. Pero gracias a este hecho, la psicología a veces es tan complicada y engañosa.

Luego está la cuestión de temperamentos. Por alguna razón conocida o desconocida (suponiendo que, al inicio de las razas las dificultades eran las mismas), los seres humanos tienen diferentes temperamentos y naturalezas. En uno, la fuerza muscular es predominante y el individuo dotado se compromete en la actividad incesante impulsada por una acumulación de energía física excesiva.

Otro tipo es predominantemente emocional, movido por un acontecimiento, con tendencia a fijarse en los consagrados, suspira por el deseo de amar y ser amado.

Una tercera categoría consiste en la predominante mente intelectual, que quiere poner todo a prueba y aceptar cualquier teoría o hecho, y sólo es convencido por el razonamiento.

Por lo tanto tres tipos se presentan principalmente: el hombre de los músculos, el hombre del corazón y el hombre de la cabeza. Se marcará la palabra "principalmente" en este contexto para que ningún hombre sea exclusivamente de una sola de estas clasificaciones, si no que es una combinación de dos o de las tres.

La religión ha sido definida de manera diferente por los pensadores. "La religión lo trata con un misterio esencial, que en el análisis nos dice que ningún lenguaje humano puede vestir o comunicar completamente. La religión tiene algo de misterio", dice un gran filósofo. Pero el hombre común de cualquier edad es un novato, no es iniciado en el razonamiento intelectual, didáctica o la lógica. Es comprensible, porque la filosofía, si se entregó desde un ángulo puramente académico, divorciado de la vida práctica y la religión, asume un aire noble y exaltado de lo poco común y probablemente falto de comprensión.

El hombre común asocia la religión instintivamente con Dios. Para alguien poco sofisticado, Dios es esencialmente antropomórfico (conjunto de religiones). Imagina un Dios con forma. Algunas religiones (y están entre las más antiguas) ofrecen al creyente ideas claras sobre este concepto antropomórfico, por medio de encarnaciones divinas. Por ejemplo, los hindúes, cuya religión es una de las más antiguas conocidas por el hombre, son libres de adoptar a Ishta Devata, que significa "la deidad preferida", como una encarnación divina seleccionada por ellos mismos para adaptarse a los gustos propios o hacia alguna inclinación. El sabio, el conocedor real, no se burla de tal elección, porque sabe que le ofrece las mejores posibilidades de culto, conocida como la devoción o adoración que ayuda al hombre a entregarse a Dios a través del amor. De hecho, la arrogancia del intelectual ridiculiza al hombre sencillo en su acto de devoción y adoración a su deidad elegida y es reprendido con severidad. Esta idea tan conmovedora es llevada a cabo en la oración del pastor por Jalaluddin Rumi.

Sin premeditación he tomado el camino "del amor" en primer lugar para el debate y es en un testimonio para sí mismo de la ventaja entre los distintos enfoques de Dios y la piedad. Porque el desmesurado e inarticulado deseo de amar y ser amado es la suerte de la mayoría de los seres humanos.

El vacío es el resultado de la falta de cumplimiento de la necesidad más elemental del hombre, la imperiosa necesidad de amar y ser amado, que ha sido objeto de investigación de muchos psicólogos modernos. Pero el hombre de temprana edad, cuyo juicio no está tan a la ligera de ser despedido, intuitivamente adivina toda la gama y las ramificaciones de las emociones humanas.

El amor terrenal no es más que a la tierra. El amor egoísta no puede satisfacer. El amor posesivo no puede durar. El amor ciego del tipo erótico puede parecer que funcionará, pero en realidad nunca puede engrandecer. La razón no es difícil de encontrar. Para todos el amor humano, ya sea de la madre o del amante está contaminado de egoísmo y su objeto exige su carne. Todo amor, como dijo el viejo escritor inglés Robert Burton, hace mucho tiempo, es una especie de esclavitud.

El amor de la madre ha sido objeto sublime de la musa de muchos poetas, porque se acerca al más puro amor. ¿Qué significa eso, "amor puro"? El amor, como cualquier otra emoción, se purifica cuando no hay expectativa de retorno o el miedo al rechazo. De amor puro se ha dicho:

El amor por su propia naturaleza es la renuncia
que no puede hacer cumplir los deseos egoístas.

Amor de un ser humano por otro, en cualquier forma o relación que exista, está ligado a la lucha o al fracaso en un momento u otro. Dejando dolor al más gratificante y satisfactorio amor. ¿Cómo siente exactamente una madre cuando su amado hijo es reclamado por un extraña, que es su amada, como si fuera suyo? ¿Quién más que Dios puede ser objeto de un amor puro, satisfactorio? ¿No se ha dicho que "Dios es amor"? El amor de Dios se encuentra en una posición única y no hay nada paralelo al mismo.

Amante de Dios

Te voy a dar una muestra de las manifestaciones del corazón de un amante de Dios. Ve cómo su lenguaje fluye junto a su amor. En realidad, no es el amor de Dios el que fluye como un río eterno en el océano del amor, Dios mismo, cuando el río se acerca al mar, todas sus turbulencias, todo su desenfreno, el vandalismo, el juego se calma. Los sedimentos o fango que ha recogido son bruscamente cubiertos. Una vez que entra en el océano con alegría, pierde su identidad y se combina con la vasta extensión de agua. Del mismo modo, el amante de Dios se convierte en más puro, más noble, más pacífico y más feliz, él se acerca más a Dios a través del amor por él. Ahora leamos una sección de la *Imitación de Cristo* de Tomás de Kempis, quien ya no es un extraño para el lector:

> *¡Oh Dios, mi santo amante! Cuando vengas a mi corazón, todo lo que está dentro de mí se regocija con alegría... una cosa hermosa es el amor, un gran bien por todas partes, es lo único que aligera toda carga y todas las desigualdades. Lleva una carga sin tener que responsabilizarse y hace todo lo amargo, dulce y salado. El noble amor de Jesús impulsa al hombre a hacer grandes cosas, y siempre le provoca desear lo que es más perfecto. Le encanta estar en lo alto, y se niega a ser frenado por las cosas de abajo. Le encanta ser libre y se ha desprendido de todo afecto mundano, de modo que su visión interna al no verse obstaculizada, y que no sufre ningún enredo en la prosperidad temporal, o derrota de la desgracia. Nada es más dulce que el*

amor, nada más fuerte, nada más elevado, nada más sabio, nada más agradable, nada más completo, mejor en el cielo o en la tierra, porque el amor nace de Dios, y no puede descansar sino en Dios, sobre todas las cosas creadas... el amor es rápido, sincero, dedicado, alegre, y encantador; fuerte, paciente, fiel, prudente, sufrido y NUNCA EGOÍSTA. *Porque cuando un hombre se busca a sí mismo, carece de amor.*

Está bastante claro que el amor del devoto hacia Dios es un amor abnegado, se libera en lugar de esclavizarse a diferencia del amor humano normal y corriente. El amor de Dios no tiene por qué ajustarse a las especificaciones de cualquier conjunto. No puede haber variedad y riqueza. Puede ser sublime y de colorida imaginación improvisada. Dios puede ser amado por diferentes relaciones. Uno de los devotos se imagina siendo un siervo para Dios, o puede tomar la actitud de un padre y adorar a Dios como madre a su hijo. Una tercera variante es la de la relación de un amigo, el amor de uno a un amigo, en igualdad de condiciones. Dios es la novia y los suspiros del alma son el amor debido a la separación y anhela estar unido a su amada. La intensidad de los impulsos que el devoto amor loco y obsesionado de día y noche son una sola cosa: el amor por el Señor.

En un mundo desgarrado por la guerra y el odio, la supremacía de la vía del amor como un remedio soberano para sus males debe ser evidente, no sólo por la liberación, incluso por la existencia mundana, el amor desinteresado es, sin duda, de oro. No hay duda de que el amor triunfa sobre el odio y el mal *

---

* Realmente amarnos a nosotros mismos es amar a Dios.
Para amar a Dios, debemos amar a todas sus criaturas.
Para amar a sus criaturas, tanto a nosotros como
Él, este amor lo es todo, justo bueno y feliz.

—Philip James Bailey

A continuación se relacionará con el hombre de los músculos, el hombre de acción. ¿Cómo puede llegar a Dios? A través del acto desinteresado de todas las acciones, haciendo trabajo por el culto, consagrando todas las escrituras al dedicar sus resultados a Dios. Nota el punto de concentración entre el camino del amor y el camino de la acción. A través del amor del devoto constantemente recuerda a Dios. Ya hemos cubierto una buena parte, en tres de los capítulos anteriores, titulado "El Trabajo, el Emancipador", que debería permitir apreciar la idea subyacente en el camino de la acción.

El tercer camino, el camino del conocimiento es para el pensador, el que medita. En este caso predomina la cabeza, el intelecto. Él se ha dado cuenta de la inutilidad del conocimiento mundano y la vida mundana, se doblega y envía su energía hacia Dios mediante la hipótesis y la discriminación. La discriminación entre lo real y lo irreal, entre lo permanente y lo transitorio. Mediante un análisis y razonamiento, con la ayuda de las Escrituras, él llega a la convicción inquebrantable de que sólo Dios (en su aspecto impersonal, sin forma, inmanente y trascendente) es real y lo irreal, todo lo demás, y también el alma individual no es más que una parte de esa Alma.

La palabra real e irreal ha de entenderse en su sentido correcto. Si te digo que el mundo es irreal, no resulta convincente. Es irreal, porque todo en él sufre un cambio y pasa ciertas etapas después de cada juego. Si conoces a un niño hoy, después de veinte años, no lo puedes reconocer. El joven de hoy se convierte en un viejo con el paso del tiempo, luego viene la muerte. Mientras que todo cambia, la vida como tal continúa. Sólo quedan el director de escena y el dramaturgo, admitiendo que el estado de iluminación existe de manera diferente y superior a nuestra existencia, los dos se pueden comparar con la vigilia y el estado de sueño de nuestra vida del día a día. Lo que le parece a un soñador como algo real durante el sueño se convierte en irreal cuando estás despierto. Del mismo modo, lo que es real y sólido a nuestra percepción es irreal para el alma.*

El camino al conocimiento es sin duda superior a las otras dos rutas, pero es también la más difícil de las tres. El conocimiento no es mera convicción intelectual, es la realización. Aquel que sabe se convierte en parte del ser Supremo, en un jivan-mukta, un hombre que ha alcanzado la salvación en esta vida.

Luego está el fenómeno de la gracia. No es fácil de definir y comprender la idea pues conlleva serias dificultades. Independientemente de la etapa de la evolución del alma, es posible la intervención de la gracia divina que corta en pedazos los nudos del corazón y te lleva a ese estado supremo "la liberación", es tan espontánea como instantánea e inexplicable.

Nos hemos referido a esto en un capítulo anterior, la transformación repentina de un individuo profundamente acostumbrado a la vida mundana, la vida en cuerpo físico.

---

*A este respecto, sería pertinente referirse al "concepto de la ilusión", la famosa teoría "maya".

La base científica de este concepto se puede explicar así:

Por ejemplo, el científico moderno lleva en su cabeza dos conjuntos de ideas sobre el mundo. El conjunto más simple se refiere a los objetos de gran escala —usted, yo, mesas, sillas, piedras, etcétera.

Pero este científico como cualquier otro hombre, tiene ideas cotidianas sobre la solidez, la ubicación, la realidad. Pero cuando el vigor científico de su pensamiento a nivel básico observa un conjunto nuevo y abstracto y la idea entra en juego, una mesa, vista de forma tan precisa como lo hace un físico atómico, es una sombra, dando vueltas como un conjunto de cargas eléctricas y entonces al ver la tabla desde ese punto de vista pierde por completo su ilusión y su escala de solidez.

—Warren Weaver

Como un relámpago, la trivialidad de la vida terrenal te hace darte cuenta y a partir de entonces tu vida no tiene nada que ver con la existencia a un nivel mundano. Te vuelves como un ermitaño, un amante de Dios o un conocedor real de Dios. Algunos por casualidad, por algún comentario callejero, por alguna aventura salvaje, provocan una reacción inmediata, una transformación, el hombre en ese momento renace como un santo. Puede haber dos causas reales (a diferencia de la reacción inmediata) por esta causa repentina o el cumplimiento de la evolución. La inexplicable intervención de la gracia divina. En segundo lugar, no se espera una retribución, como merecer o no merecer algo y, por lo tanto, se vuelve libre.

Nuevamente en el caso de una cuenta bancaria. ¿Un banco puede abrirle una cuenta a un cliente sin ningún débito ni saldo a favor? De hecho tiene una hipoteca y le debe al banco, o si el banco le ha prestado dinero a su cliente por alguna consideración o por algún interés. Pero, ¿qué pasa cuando un banco no tiene nada del cliente ni él del banco? La cuenta simplemente no existe.

Ahora, en el caso de tener débito o que te tengan que cobrar intereses porque le debes, entonces entra el funcionamiento de "El resultado de las Acciones". Si un hombre ha pecado, tiene que sufrir por ello. Por las buenas acciones, también tiene que disfrutar de la recompensa hasta que el mérito es agotado. Esto no se limita a un periodo de vida.*

---

* La vida es el desplazamiento del alma a través de distintos cuerpos, varios estados del ser; nuevas maneras, pasiones, búsquedas nuevas en cada una; en nada, salvar la conciencia, lo mismo.

Infancia, adolescencia, edad adulta, la edad. Siempre se están moviendo hacia adelante, siempre se pierde el otro, se pierde la longitud como ondulaciones en la cadena de la muerte.

—**James Montgomery (1771 - 1854),** ***Life***

La teoría del renacimiento o la reencarnación, ha llegado a ser aceptada casi universalmente con bases hechas por científicos o aspirantes, se extiende al ciclo de la acumulación o el agotamiento (de merecer o no merecer), a la incorporación posterior al nacimiento. Si, en la evolución del alma, en cualquier momento, los dos (merecer y no merecer) coinciden con la realización de Dios, no hay más reencarnación o renacimiento. Sólo hay la absorción en el ser Supremo.

La absorción suprema no debe ser tomada en cuenta como motivo de la terminación de la vida, la muerte física. De hecho, la palabra jivan-mukta (literalmente, el liberado mientras aún está vivo o se encuentra en esta misma vida,) nos sugiere que el momento supremo lo tenemos mientras estamos vivos.

La absorción es irrevocable, no puede haber marcha atrás, ni de manera voluntaria, ni involuntaria. Y, ¿por qué debe existir?, porque es la suma de lo bueno o malo, la razón del esfuerzo del alma, el viaje del alma ha llegado a su refugio, a su hogar, a su fin.

En el caso de los santos que le dan la espalda a Dios y luego quieren regresar al escenario como un hombre mundano, es algo inaudito. Tenemos que suponer que el "santo" ha sido un charlatán, un falso y no es genuino.

Como cuando se cae el fruto de una flor, cuando el cuerpo del hombre se da cuenta cae a su debido tiempo. El alma se une a la suprema muerte del cuerpo físico y por lo tanto no hay necesidad de un renacimiento.

Vamos a dar aquí una analogía para ilustrar la absorción final del cuerpo físico. Un recipiente que contiene agua que refleja los rayos del sol en forma de una mancha de luz brillante en una pared cercana. Hay dos factores, el sol o la luz del sol y su reflejo. El agua en el vaso cae en el suelo y es absorbida. ¿Qué le sucede al reflejo? ¿No se ha fusionado con la luz original?, la Súper Alma se refleja a través del cuerpo físico. El reflejo, es el alma de cada uno. Cuando el cuerpo físico vuelve a su elemento, el alma individual se funde con la súper Alma.

❑❑

23

Tres historias

No hay sobrenatural, sólo está la grandeza de Dios. No hay milagro, sólo existe la posibilidad siempre presente de que se celebrará la ley divina en los niveles más elevados.

—**Eric Butterworth** - *La vida es para vivirla*

El fenómeno de los hombres mundanos

En el capítulo anterior nos referimos al fenómeno de los hombres mundanos que en momentos críticos fueron transformado su destino y se convirtieron en santos de forma casual, por un imprevisto o una aventura salvaje, por mencionar sólo algunas de las aparentes causas inmediatas. Ahora voy a contar tres historias, despojadas de sus guarniciones de origen. Ya sea que sean verdaderamente históricas o ficticias, simplemente no altera la validez de los ejemplos... En la antigua literatura hindú, en general hay una exuberancia de los sucesos o declaraciones que a menudo son súper o híper milagros naturales: los ángeles y los hombres se comunican entre sí, Dios que bajaba a la tierra tomando diversas formas, incluso las más infrahumanas, para salvar a sus devotos, su configuración en nada "natural", las leyes y así sucesivamente.

Se requiere un acondicionamiento especial para poder leerlos sin pestañear. Yo soy un optimista incurable y encontrar en forma inconfundible al hombre moderno fue sin duda despedir a todo lo que no puede captar con su inteligencia no ilimitada como ficticia. Como prueba, véase lo que Eric Butterworth ha dicho (citado arriba).

Ahora a mis cuentos. En primer lugar vamos a ver la historia de Valmiki, el autor, gran sabio de la épica hindú, el Ramayana. En su juventud fue un bandido de caminos que vivía en las afueras de un bosque para mantener a su esposa e hijos y él mismo solía abordar a viajeros incautos y liberarlos de sus objetos de valor. Donde hubo resistencia, usaba la violencia. Debe haber vivido así durante varios años.

Para su buena fortuna, un día un grupo de sabios pasaban por los lugares que frecuentaba. Fiel a su vocación, los detuvo bajo amenazas y les pidió que renunciaran a sus bienes. Debía de estar desesperado al amenazarlos, o su destino lo llamaba. De lo contrario no podría haber visto que los sabios no tenía nada de utilidad para él, excepto quizá sus jarras de agua.

Los sabios estaban más bien de mal humor. Parecía que habían venido con el propósito de reformar su brillante futuro. Acordaron entregar todas sus posesiones con una condición: Que lo dejaran ir con su mujer y sus hijos mientras esperaban, para cerciorarse de que ellos se arrepintieran de sus pecados. El bandido estaba sorprendido. Estaba seguro de que lo harían. Sin embargo, extrañamente, fue inmediatamente a la cabaña y se enfrentó a ellos con una pregunta.

Contrario a sus expectativas, habían rechazado todo tipo de participación en pecados. Él tenía que apoyarlos, si hubieran optado por el vandalismo, el bandido cayó a sus pies y les suplicó que le mostraran el camino para su redención. Inicio su penitencia por medio de la expiación, y los sabios se fueron. Después del lapso de algunos meses o años, los sabios se encontraron al bandido e incluso se dieron cuenta que estaban encantados de ver al antiguo bandido transformado, gritando el nombre divino. Ante la transformación, lo bautizaron Valmiki-Valmika que significa hormiga de la colina.

El encanto de una obra original

La segunda es la historia de Tulsidas, el gran santo y poeta hindú que tradujo el Ramayana en su lengua, conservando todo el encanto de una obra original como si la hubiera escrito él mismo súper inspirado. Tulsi era un hombre joven, lleno de entusiasmo por la vida. Se casó pronto con una belleza deslumbrante, cuyo encanto lo hacía su esclavo. No podía sufrir la separación de su aún amada por un tiempo. Una vez que ella estaba en casa de sus padres sin él, incitado por su entusiasmo, se dirigió allá corriendo. Se desató el mal tiempo y nadó a través de un río que crecía por la noche. Cuando por fin llegó a su casa, todo el mundo dormía. Avergonzado de tocar a la puerta a esa hora, escaló las paredes de su casa, tirando de una pitón que confundió con una enredadera cayendo y haciendo un fuerte ruido. Cuando su esposa se despertó y lo vio manchado de sangre y en mal estado, ella le reprendió por su enamoramiento ciego hacia ella y casualmente le comentó que si sólo hubiera dirigido una acción de tal devoción a Dios, habría asegurado su salvación. Esa fue la señal para el despertar espiritual de Tulsidas que fue transformado en ese instante en un gran devoto de Dios.

La tercera historia, la del santo músico del sur de la India, Purandara Dasa, tiene más de un pequeño elemento dramático. Originalmente fue un prestamista de dinero y joyero. Él era un avaro, apartarse del dinero era para él equivalente a separarse de la vida misma. Él era bastante rico, su avaricia lo redujo al estado de una máquina de dinero.

La hora se acercaba rápidamente a su iluminación. Un pobre sacerdote se le acercó un día buscando asistencia monetaria para una función religiosa en su casa, el avaro, sentado en sus establecimientos comerciales, se volvió al cura negándole toda ayuda. El sacerdote, impávido, se fue a la residencia de Dasa en la parte trasera y le rogó a la esposa de Dasa por una donación. Consciente de la actitud de su marido hacia el dinero y, sin embargo sin querer dejar ir al pobre hombre con las manos vacías, ella tomó su arete de la nariz, uno costoso, engarzado de piedras preciosas y que legítimamente podía reclamar como suyo, por ser un regalo de sus padres.

El sacerdote, satisfecho y sin querer provocar, le ofrece el ornamento a Dasa. Despertaron sus sospechas, Dasa guardó la cosa de manera segura en una caja fuerte, y corrió a su mujer exigiendo una explicación. La señora desesperada decidió poner fin a su vida tomando veneno. Mientras ella levantó la copa con la bebida mortal para los labios, algo le cayó de la nada. Para su gran asombro, descubrió que era su arete de la nariz, el cual le entregó sumisamente a su marido.

Asombrado Dasa regresó a su tienda y buscó la joya que pensaba desaparecida. El pobre sacerdote había desaparecido también.

En este dramático giro, las lágrimas cayeron de los ojos del avaro que renunció a su riqueza allí mismo y optó por la vida de un juglar errante, adorando a Dios a través de la música.

❑❑

24

Aquí y en el más allá

...A quien le gusta soportar,
a gruñir y sudar bajo una vida cansada, pero el temor de algo después de la muerte. De aquel país desconocido, de cuya frontera no regresa ningún viajero, los rompecabezas los hacemos, y preferimos soportar los males que tenemos, que volar a otros que no conocemos.

—William Shakespeare, *Hamlet*

El miedo a la muerte

Finalmente la muerte corre la cortina y el hombre dejará esta fase en el tiempo señalado. La razón por la que la mayoría de los seres humanos viven con el temor de la muerte puede atribuirse al abrupto final y el misterio que rodea su estado a partir de entonces. ¿Qué sucede con el hombre o su alma después de que él deja su cuerpo mortal? ¿Vive en esta vida por su propio bien? ¿Tiene algún propósito o fin? ¿Hay una vida en el más allá? ¿Regresa a vivir en esta tierra de nuevo siendo un recién nacido? ¿La humanidad se mueve hacia un futuro más brillante? Estas son algunas de las preguntas que han desconcertado a la humanidad. Se han propuesto muchas teorías, conjeturas y suposiciones basadas en lo poco que sabemos los mortales, lo poco que logramos percibir.

Para intentar entrar en una discusión detallada de una sola de las preguntas claramente más allá del ámbito de aplicación de este pequeño volumen, todo lo que me propongo hacer aquí es dar unas citas pertinentes de diferentes fuentes y autores y dejaré que el lector saque sus propias conclusiones.

> *Yo soy la resurrección, el Señor, el que cree en mí aunque esté muerto, vivirá, y todo aquel que vive y cree en mí, no morirá eternamente.*
>
> —***La Biblia***

> *Es muriendo que nacemos a la vida eterna.*
>
> —**San Francisco de Asís**

> *Así como los hombres se deshacen de sus ropas y se ponen otras nuevas, el alma se deshace de nuestro cuerpo y adquiere otros nuevos.*
>
> —***Bhagavad Gita***

> *Un hombre no ha nacido completamente hasta que ha muerto. ¿Entonces debemos de estar afligidos cuando nace un bebé entre los inmortales? Somos espíritus. Nuestros cuerpos son prestados, mientras puedan proporcionarnos placer, nos ayuden a adquirir conocimientos, hacer el bien a nuestros semejantes y a actuar como seres benevolentes de Dios. Cuando ya no nos sirven para estos fines y nos empiezan a proporcionar dolor en lugar de placer, en lugar de ayudar llegan a ser un estorbo, entonces es momento de deshacernos del cuerpo. La muerte es así.*
>
> *Nuestro amigo y yo fuimos invitados a una fiesta de placer que va a durar para siempre. Él estuvo listo primero y se ha ido antes que nosotros. No todos pueden convenientemente emprender el viaje juntos, tú y yo no tenemos que llorar por esto, ya que seguimos trabajando en nosotros mismos y sabemos dónde encontrarlo.*
>
> —***Benjamin Franklin***

Muchas personas creen que la ciencia ha hecho de las ideas religiosas una moda prematura. Creo que la ciencia tiene una verdadera sorpresa para los escépticos. La ciencia, por ejemplo, dice que nada en la naturaleza, ni siquiera la más pequeña partícula, puede desaparecer sin dejar rastro. La naturaleza no sabe de extinción. Todo lo que sabe es sobre la transformación. Ahora bien, si Dios aplica este principio fundamental en las partes más pequeñas e insignificantes del universo, tiene sentido suponer que él también las aplica al alma humana. La ciencia me ha enseñado y sigue enseñando todo, fortalece mi creencia en la continuidad de nuestra existencia espiritual después de la muerte. Nada desaparece sin dejar rastro.

—Dr. Wernher Von Braun, físico espacial

Claramente, la respuesta de Dios a la muerte es la vida. De hecho, la Biblia predica una fe basada en la vida, no en la muerte. Nos dice que lo que parece ser sólo la muerte, es de hecho la vida eterna.

—Dr. Norman Vincent Peale

Nosotros, por desgracia, en esta era materialista, obsesionados por la búsqueda del placer, olvidamos que el goce no es sólo el principio y el final de toda la existencia. Si aceptamos a Dios y nuestra propia inmortalidad entendemos que nuestras vidas no están destinados a ser un paseo terrenal, por un tiempo muy corto, de preparación, un momento, en términos de eternidad, de las pruebas y la resistencia, cuando estamos a punto de llegar al umbral del más allá.

—Dr. A. J. Cronin

Nos hemos tardado millones de años para llegar a nuestro estado actual, y puede tomar más tiempo para llegar a hacernos conscientes. Él ha puesto las capacidades dentro de nosotros. Él nos diseñó y nos impulsa a seguir adelante, aunque a veces es lento el aprendizaje, nos hizo con grandes dotes.

—Dr. Warren Weaver

❑❑

25

Esperanza para todos

La ilusión de que el tiempo pasado fue mejor que el ahora, probablemente ha invadido a todas las edades.

—Horace Greeley

¿La humanidad está progresando?, ¿la sociedad humana se está desintegrando? Toda la tecnología, los avances científicos y sociales: son una mejoría, seres humanos más integrados, en paz consigo mismo, su entorno y sus semejantes, ¿o se está desarrollando un monstruo? Esta pregunta ha sido hecha a lo largo de la historia humana; probablemente deprima a un hombre si no considera la historia en una perspectiva adecuada y llega a un juicio equilibrado. El hombre es un ser único que en toda la vida humana no podría prevalecer y la lucha por la existencia es una triste realidad, él sólo ha organizado su sociedad de tal manera que no sólo los débiles son liberados del temor, en realidad ofrece toda la protección para vivir su vida con tanta tranquilidad como cualquier otra persona tiene derecho. El simposio siguiente fue publicado por el autor hace algunos años en un diario de la India y sigue siendo un tópico hasta el día de hoy, como lo fue cuando apareció por primera vez.

Pregunta: A menudo he escuchado a mi viejo tío hablar con nostalgia de los viejos tiempos y afirma que el mundo se dirige hacia la ruina, ya que estamos en el deterioro de los valores. ¿Hasta qué punto está en lo correcto?

Respuesta: No creo que haya mucho de verdad en esa afirmación. Probablemente, en su juventud encontró más objetos de placer en torno a él que ahora ya no deleitan sus sentidos. Por lo tanto él siente que el mundo de aquellos días era un mejor lugar para vivir. Si lo ves desde otro punto de vista, te darás cuenta de los tremendos progresos, no sólo en cuanto a la tecnología sino inclusive en el planeta. Déjame advertirte que la moral no es algo que se refiere a las relaciones sólo del sexo. De hecho, me estoy refiriendo a la moral en otros ámbitos que no son sexuales.

Pregunta: Bien, por el momento vamos a dejar en paz "todo lo sexual". Los seguidores de ciertas religiones le llaman a esta época, "la edad de hierro" en el sentido que se producirá un deterioro progresivo de la justicia y al final habrá un diluvio, borrándose la vida en este planeta.

Respuesta: No se puede decir con certeza que los hombres y las mujeres de esta época son más malos como leemos o que la gente de tiempos pasados se comportaba en gran parte del mismo modo. Por otra parte, recordando la historia como una narración verdadera de los acontecimientos, las personas y los países son de origen relativamente reciente. Gran parte de nuestra literatura antigua es escritura más o menos de forma imaginativa. Ya que incluso la imaginación debe tener alguna base, concluimos que hace miles de años hubo una civilización muy floreciente.

Pregunta: No has contestado a mi pregunta sobre los diluvios.

Respuesta: La propia vida del hombre es limitada, pudo haber imaginado que el mundo también debe tener un fin. También encontramos referencias sobre el diluvio en la Biblia. Incluso de acuerdo con la teoría del ciclo hindú todavía hay miles de años que quedan en la actual "edad de hierro". Pero si tomamos en cuenta los acontecimientos internacionales del presente, las armas nucleares y sus pruebas, podemos ver que la destrucción del mundo, después de todo, no está tan lejos. Todo lo que se interpone entre nosotros y el fin total de la vida en la tierra parece ser una guerra nuclear.

Pregunta: ¿Quiere decir que el fin del mundo está muy cerca?

Respuesta: Nada de eso. Fue hace muchos años cuando las armas atómicas fueron descubiertas. El mundo ha pasado por varias crisis graves. Hemos estado al "borde" de grandes guerras en varias ocasiones. Ha había habido guerras en distintas partes del mundo, pero la bomba atómica se ha utilizado una sola vez, es decir, en Hiroshima y Nagasaki.

Pregunta: ¿Qué garantía hay de que una gran guerra no estallará, y que la bomba atómica no se volverá a utilizar?

Respuesta: En el sentido más estricto, ninguno. Pero parece que las posibilidades de la destrucción causada por las armas nucleares han sido exageradas. Antes de esto, teníamos bombas con gran poder destructivo, aunque de menor grado. Había una guerra cuando todo el mundo estaba más o menos dividido en la guerra. ¿Qué fue lo que impidió hacer el máximo uso de esas bombas? ¿Por qué el mundo no fue bombardeado en todos los rincones? Por otra parte, la vida humana y otras tienen una manera de adaptarse a todo tipo de peligros, grandes o pequeños.

Pregunta: No está claro a qué atribuye usted la capacidad de disuasión preventiva.

Respuesta: Para el instinto de autoconservación. Me refiero a que los dos son muy afines. Nos hemos dado cuenta, aunque no es divertido, que nuestro ser está íntimamente relacionado con el bienestar de los demás.

Pregunta: ¿Pueden los Estados Unidos, evitar una guerra con sus programas de ayuda?

Respuesta: Yo nunca dije eso. Lo que quería que entendieras era el hecho de que los mismos que tienen en su poder las armas nucleares tienen miedo de ser víctimas.

Tienen más la intención de usarlas de una manera defensiva más que ofensiva.

Quieren ver a sus oponentes desde una posición donde puedan ser vistos con fuerza.

Pregunta: ¿Qué te hace creer que no va a estallar una gran guerra?

Respuesta: Hay varias razones. Una es el desarrollo gradual de la conciencia del mundo. Como Jawaharlal Nehru dijo en una ocasión, la opinión mundial hoy en día es un factor importante en la conducta internacional. Incluso los malhechores tienen la esperanza de que sus acciones se encontrarán con la aprobación de por lo menos una parte de la opinión pública mundial, ninguna nación se atreve abiertamente a tomar ciertas medidas porque están seguros que serían condenados por la mayoría de los pueblos y naciones.

Pregunta: La mayor parte de la opinión pública mundial parece ser apenas una cosa tan intangible e insustancial.

Respuesta: Nada podía estar más lejos de la verdad. La opinión pública mundial tiene diferentes formas. En el mundo actual, las Naciones Unidas se ha convertido en un foro para la expresión mundial y orienta sobre diferentes problemas, en un esfuerzo por corregir la errónea nación o naciones. La invasión de Suez de 1956 tuvo una gran victoria en la opinión mundial.

Pregunta: Volvamos a la pregunta original. ¿Qué te hace pensar que no estamos en deterioro?

Respuesta: El tema del que estamos hablado, la ONU, no es ajena a la respuesta a la que llamas "pregunta original". La existencia de un organismo mundial como las Naciones Unidas tiene en sí la semilla de un mundo mejor que hasta ahora parecía un espejismo o utopía. El hecho de que muchos pueblos de diferentes naciones, religiones y razas se unan a la consideración de los asuntos internacionales no significa el logro de la civilización humana. Ideas de superioridad de una nación o de una raza o una religión se están desmoronando rápidamente. La abolición total de la esclavitud está casi a la vista. La expansión colonial o el sometimiento y la explotación política y económica de una nación por otra se está convirtiendo en una cosa del pasado debido a la presión de la opinión mundial.

Pregunta: ¿No te parece que las personas con tu punto de vista son una minoría?

Respuesta: Ciertamente no. Yo todavía recuerdo vívidamente el gran discurso del Sr. Louis St. Laurant, cuando era Primer Ministro de Canadá, en el que ridiculizaba a las potencias occidentales que sufrían de un complejo de superioridad. Declaró que los días en que los "superhombres" de Europa, sentados en sus sillones, donde podían gobernar los asuntos de la llamada nación terminaron. Pero, la mejor prueba es la existencia y el funcionamiento de los órganos subsidiados de las Naciones Unidas como la UNESCO, la OMS, la FAO, etc., que han acercado a los pueblos del mundo, haciéndolos cooperar entre sí, compartiendo sus conocimientos y recursos. La ONU podría marcar el comienzo de una nueva era, haciendo posible la existencia de un Gobierno Mundial. La conciencia nacional sigue siendo fuerte entre los pueblos, pero poco a poco se puede dar paso a la conciencia internacional. En efecto, sólo un gobierno mundial en conjunto puede acabar con las guerras, eliminando las barbaridades y la brutalidad humana, al tener igualdad con todos los estados de los diferentes pueblos y eliminando las causas de conflictos.

Pregunta: ¿Cómo crees que afectará la vida de cada uno?

Respuesta: Cuando las desigualdades evidentes se eliminen de la vida de las personas, cuando la gente tenga asegurada una vida razonable, libre, sana, les permitirá dedicar su atención en otras actividades, a crear una vida superior, una vida espiritual. Por el momento se proporciona la oportunidad a millones de personas del mundo para aprender a vivir de una manera espiritual, la vida religiosa. Se necesitará un enorme esfuerzo. La sabiduría del hombre ciertamente puede hacer que sea posible y puede dar frutos. La humanidad ha avanzando, no hay la menor duda.

❑❑

26

El hermetismo del significado de existencia

El objetivo final

Cada átomo en el universo es algo completo en sí mismo, y al mismo tiempo, es sólo una parte de un todo tan vasto como para ser inconcebible por el hombre. De la misma manera, todas las personas vivas hoy en día tienen en sí sus propios fines, y al mismo tiempo tienen el fin de servir al desarrollo del mundo desconocido para el hombre.

Una abeja en una flor ha picado a un niño. El niño dice que el objeto de la abeja es para picar personas. Un poeta admira a la abeja bebiendo miel de la copa de una flor y declara que la abeja vive únicamente para beber este néctar. Un apicultor, observa que la abeja recoge el polen y la trae a la colmena, sostiene que el propósito de la abeja es reunir miel. Otro apicultor que ha estudiado la vida del enjambre más de cerca, afirma que la abeja recoge esta miel para alimentar a la más joven y a la abeja reina, y por lo tanto se dedica a la perpetuación de su especie. Los anuncios botánicos dicen que la abeja volando con el polen fertiliza un pistilo y que esta es la verdadera función de la abeja. Otro declara que la vida de las abejas es con el fin de contribuir a la hibridación de las plantas y así sucesivamente.

¿Quién puede decir que no vamos a seguir descubriendo otras razones para la existencia de la abeja? Pero estaremos siempre indagando cuál es el objetivo final de la abeja. Cuanto

más alto se levanta el intelecto humano, más obvio se hace que el objetivo final de la abeja está más allá del conocimiento.

Y lo mismo puede decirse de los objetivos finales de las cifras históricas de los pueblos y las naciones.

—Conde Leon Tolstoi en **Guerra y Paz**

A pesar de los grandes pasos realizados por el hombre en los campos de la ciencia y la tecnología, el sentido de la existencia sigue siendo un misterio. La ciencia se esfuerza por encontrar cómo suceden las cosas, pero no responde a la pregunta "¿por qué"? Ese es el ámbito de la religión y la filosofía. Aún así el misterio no está completamente resuelto, al menos no del todo satisfactoriamente. ¿Cuántas veces nos quedamos en el asombro ante este juego de la vida y la muerte, el nacimiento, el sustento y la disolución? Es desconcertante en extremo, el firme creyente en Dios sonríe y exclama que sólo es su deporte.

Tú has creado todas las cosas y por tu voluntad existen y fueron creadas.

—Rev .4:11

Sólo podemos aceptarlo por lo que es. Después de habernos reconciliado con él, nuestro deber será el de desempeñar nuestro papel en este drama sin fin como también sabemos la importancia relativa de otras formas de vida. Es probable que la sonrisa de la relación entre un agricultor y la agricultura nos permita conseguir una cierta penetración.

La planta en el campo no es consciente del hecho de que es parte de la existencia en el campo y que la hace crecer porque existen por sí solas. El agricultor, a su vez no puede ver de manera individual la planta, él prepara el terreno, siembra las semillas y vuelva a plantar, se encarga de ponerle la cantidad adecuada de agua, el estiércol, etc., para que estén disponibles para el cultivo, garantizando así que todas las plantas tendrán las mismas oportunidades de crecer y contribuir con su cuota individual a la cosecha.

Sin embargo, no todas las semillas germinan, no todas las plantas crecen por igual, y también es cierto que el rendimiento de cada planta no es exactamente el mismo. Muchas plantas se marchitan antes de tiempo, cuando la mazorca de maíz está madura, no todo el maíz llega a la granja del agricultor. Para el agricultor y los que pueden entender la agricultura, las operaciones, su actualidad, su utilidad y su finalidad son comprensibles.

Sin embargo, la agricultura no se limita a un tema determinado de grano o cultivo. Además, la agricultura no es la única actividad que tiene lugar en este mundo. Si comparamos al hombre con una sola planta en el campo, su papel en relación con otros fenómenos de este mundo y el universo debe ser perceptible, al menos vagamente. Volviendo a la agricultura, el agricultor cultiva la tierra para cultivar alimentos y otros cultivos. Ese es su objetivo principal. Pero él mismo no consume todos los cereales que crecen. De hecho, es probable que no utilice ninguna parte de su producción. Sin embargo, sus operaciones agrícolas no son sino una pequeña parte de la mayor actividad que está pasando en este mundo. Para una buena cosecha necesita la ayuda y cooperación de muchos otros factores, el suelo, el clima, las semillas, los abonos, mano de obra, la maquinaria y así sucesivamente. Y también hay que notar que su grano se va transformando a sí mismo en muchos de los productos utilizados en la siembra. El dinero que obtiene de la venta de sus productos se convierte en sus necesidades de la vida. Después de una cosecha sus acciones no cambian. Las repite cada temporada y se repite el mismo proceso. Pero no hemos sido capaces de responder a la pregunta uno, ¿por qué este universo y sus sistemas auxiliares son diversos?

Ahora bien, si asumimos que Dios es el gran agricultor (¿o deberíamos llamarlo el agricultor de los agricultores?) estará claro que él no puede estar preocupado exclusivamente con el bienestar de toda la existencia humana. Creo que esta es una respuesta más o menos plausible al problema del sufrimiento y el dolor. Él ha preparado el terreno para cada ser humano (como todos los seres), sin embargo, cada uno de nosotros no asimila la parte de alimentación, espiritual o material, que está normalmente disponible para cada uno. La suerte de la humanidad brota de la misma base y por lo tanto el bien o mal por ser de cualquiera de sus partes no pueden ser vistos en forma aislada. Supongamos, como sucede en la India, que después de años los monzones fallan, el cultivador no puede ser culpado si las cosechas languidecen por falta de agua. Entiendo que la analogía no es del todo correcta, pero Dios el cultivador, también es quien envía la lluvia, las leyes de Dios aparecen como la naturaleza. Pero lo que quiero decir es que la suerte común de la humanidad está a la disposición de Dios.

Religión—parte vital de la humanidad

A diferencia de los cultivos impotentes, el hombre está dotado con la capacidad de ayudarse unos a otros (y también de destruirse entre sí), el mundo se está moviendo lentamente hacia un gobierno mundial. Puede pasar otro siglo, o puede suceder más pronto. Todas las cosas buenas, las grandes cosas nacen primero en la mente del hombre en relación con su mundo. Si vamos a marcar el comienzo de una nueva era, tenemos que empezar ahora. También tenemos que darnos cuenta de que la religión tiene un papel vital en toda actividad humana, sin excluir la política. "El que se introduzcan en los asuntos públicos los principios del cristianismo primitivo va a cambiar la faz del mundo", escribió Benjamín Franklin en el siglo XVIII. Gandhi demostró este hecho en su propia vida y en la historia de su país. ¿Qué es el cristianismo o cualquier otra religión, después de todo, si no es la ciencia del vivir bien, en conformidad con las leyes conocidas de Dios?

Los últimos descubrimientos de la ciencia han demostrado que la religión y la filosofía están muy por delante de la psicología. El hombre actual quiere saberlo todo después de una laboriosa investigación, y nuestros ancianos lo adivinaban en forma intuitiva. No podemos esperar que las respuestas a todos estos descubrimientos se hayan demostrado de manera convincente y a nuestra satisfacción para vivir nuestras vidas, a la luz de la ciencia. Hay conflictos entre la ciencia y la religión como ya se dijo, ya que la ciencia trata de averiguar cómo pasa una cosa y la religión trata de evaluar por qué suceden las cosas. Son complementarias, opuestas entre sí, por lo tanto podemos y debemos introducir la ciencia, junto con la religión en nuestras universidades, instituciones comerciales e industriales y los gobiernos.

Si la humanidad puede ser uno, ¿por qué un gobierno único para todo el mundo es imposible? El sol nunca se utilizó para establecer el antiguo Imperio Británico. Se logró mediante la conquista, pero el imperio de la humanidad ahora debe consolidarse mediante la cooperación. Aquí es donde las grandes naciones del mundo pueden demostrar su sabiduría. Deja que las principales democracias del mundo traten de formar una federación, delegación, etapas, el poder para regular los asuntos de sus respectivos países. Hay una gran cantidad de ideología común entre los países democráticos como Estados Unidos, Canadá, Gran Bretaña, India, Australia, Nueva Zelanda y Japón. Si un Mercado Común es posible también lo es que algunos de los países europeos formen un gobierno común entre los grandes países arriba mencionados. Si Gran Bretaña solicita la entrada en el Mercado Común Europeo se dará cuenta de los beneficios sobre las posibilidades de que otras naciones que busquen la afiliación una vez que vean el buen funcionamiento de un gobierno demócrata común, lo que conduce a un Gobierno Mundial.

Esa es la única esperanza para la humanidad. No es, reitero, mi firme creencia, una cuestión política aislada. Hemos visto un verdadero deseo que nace de los seguidores de las grandes religiones del mundo para apreciar y comprender la grandeza de otras religiones. Que los líderes políticos buscan sinceramente la cooperación de los líderes religiosos. Vamos a entrar en la religión de las Naciones Unidas, que es un órgano político. ¿No dio el Papa la gracia a la Asamblea General y habló de su plataforma? Es cierto que las Naciones Unidas han tenido sus fracasos y deficiencias. La gran Asamblea de las naciones sólo refleja las imperfecciones del hombre. Pero no debemos renunciar. Debemos resolver, como Ulises, "esforzarse, buscar, encontrar y no ceder". El Reino de Dios que está dentro de cada uno debe manifestarse. Que Dios nos de la sabiduría para el hombre, y que Dios bendiga sus esfuerzos para construir un mundo nuevo. AMÉN.

❑❑

27

Epílogo

Después de escribir este libro, yo estaba emocionado de ver a un eminente científico inesperadamente arrojar un torrente de luz en una esfera que se supone que no es la suya, sino también diametralmente opuesta a su vocación. El artículo del Dr. Warren Weaver, esclareciendo, "¿Puede un científico creer en Dios?" en el *Reader's Digest*" toca el fondo fuera de la controversia sobre la posibilidad de la cooperación existente, la fe en un Dios personal, el absoluto, inmanente y trascendente, divinidad impersonal y aclara la relación del hombre o la aproximación a los dos aspectos de una misma realidad. También ha tomado cuerpo inconsciente de la teoría de la ilusión de una realidad familiar o trazando una analogía con los dos conceptos diferentes de la materia (como una energía en movimiento vista por el físico atómico y el otro un objeto sólido visto como cualquiera de nosotros). Después de leer este artículo del Dr. Weaver, estoy feliz de ver la filosofía y la religión, que son el sustrato de este libro para estar en sintonía con los conocimientos científicos y fuera de toda estadística, totalmente compatible con él. La sabiduría, la sabiduría divina, no es monopolio de nadie. El conocimiento se multiplica cuando se comparte.

El mundo tiene gran necesidad de ella, En el crepúsculo del hedonismo materialista, la brillante luz de la sabiduría divina debe ser bienvenida por la fuerza que puede irradiar. Doy las gracias al lector si ha leído este libro hasta este momento, y si él se ha beneficiado, yo humildemente niego haberlo puesto en duda. Yo sólo soy el vehículo. Ese conocimiento y la sabiduría son eternamente existentes. Estoy totalmente convencido de creer en el destino común del hombre y de que un día este conocimiento y la sabiduría pueden llegar a ser universalmente reconocidos como la única guía para vivir bien.

❑❑

Apéndice A

Una sensación de descanso, de profunda tranquilidad, incluso, del silencio por dentro y por fuera. Un incendio quema en silencio. Una sensación de confort... No estoy aturdido o estúpido, sólo feliz en esta mañana tranquila. Cualquiera que sea el encanto de la emoción, no sé si es igual a la dulzura de las horas de meditación en silencio, en el que tenemos una visión y un anticipo de los placeres del Paraíso. El deseo, el miedo, la tristeza y la atención, se acabarán. La existencia se reduce a su mínima expresión, el modo más etéreo del ser, es decir, conciencia de sí mismo. Es un estado de armonía, sin tensión y sin perturbación, el estado dominical del alma, tal vez el estado que espera más allá de la tumba. Es la felicidad como los orientales la entienden, la felicidad del anacoreta, que ni lucha ni quiere nada, simplemente adora y le gusta. Es difícil encontrar palabras para expresar esta situación moral, con nuestras lenguas sólo se pueden trasmitir las vibraciones particulares o locales de la vida, son incapaces de expresar esta concentración inmóvil, esta quietud divina, como el estado del mar en reposo, que se refleja en el cielo, y es dueño de su propia profundidad. Las cosas se vuelven entonces claras en sus principios, los recuerdos son asimilados en la memoria, el alma es sólo el alma, y ya no es consciente de sí misma en su individualidad y separación. Es algo que se siente, es la vida universal, un átomo sensible de lo divino, de Dios. Ya no se apropia de nada, uno mismo es consciente de que no hay ningún vacío. Quizá sólo los yoguis y sufís han conocido esto en su profundidad y, sin embargo, están en un estado humilde, donde combina la alegría de ser y del no ser que no es ni la reflexión ni la voluntad, que está por encima tanto de la existencia moral como de la existencia intelectual, que es el retorno a la unidad, a la pleroma, a la visión de Plotino y de Proclo, es el Nirvana en su forma más espectacular.

Es evidente que en las naciones occidentales saben muy poco de este estado de sentimiento, para ellos la vida es devorar y es una actividad incesante. Ellos están ansiosos del oro, del poder, del dominio, su objetivo es aplastar a los hombres y esclavizar a la naturaleza. Muestran un interés obstinado en los medios, y no un pensamiento para cuando llegue el final. Se confunden con el ser individual y la expansión del "yo" con la felicidad, es decir, no viven con el alma, hacen caso omiso de lo inmutable y lo eterno, viven en la periferia de su ser, porque son superficiales. ¿Por qué tanto esfuerzo, ruido, lucha y codicia? Todo es una mera impresionante y ensordecedora vanidad del "yo". Cuando llega la muerte reconocen que así es, entonces ¿por qué no aceptarlo desde antes? La actividad es sólo hermosa cuando se es un santo, es decir, cuando nos dedicamos al servicio.

AMIEL (de su *Diario*)
(Macmillan)

Amiel, Henri Frédéric. Filósofo y crítico Suizo
1821-1881

❑❑

Apéndice B

De pronto, fuera de lo intenso de la conciencia de la individualidad, la individualidad misma parece disolverse y desaparecer en el infinito ser, y esto no es un estado de confusión, pero la más clara de las más claras, más segura de la más segura, lo más extraño de lo más extraño, totalmente más allá de las palabras, donde la muerte era una imposibilidad casi risible, la pérdida de la personalidad es la única vida verdadera.

"Me siento y sé que el cuerpo físico es la visión, Dios y lo espiritual es lo único real y verdadero. Depende de si lo espiritual es lo real si nos pertenece más que los pies y las manos... es posible decir que mi mano o mi pie son sólo símbolos imaginarios de mi existencia, puedes creer en mí, pero nunca, nunca me podrán convencer de que él no es la realidad eterna y que lo espiritual no es la parte real y verdadera en mí".

—Tennyson (Lord Alfred Tennyson)
Una memoria de su hijo

❑❑

Apéndice C

Sobre la existencia de Dios

Retiro —el mundo excluido— tus pensamientos llamando
a casa,
la imaginación reprimida,
mira tus sentidos —que nadie revele pasiones,
despierta a la Razón —deja el reinado solo,
luego, el silencio profundo del alma, el silencio profundo
de la naturaleza, la medianoche, investigar,
¿qué soy? ¿A dónde voy? No sé nada,
pero lo que soy, y, desde que soy, concluido,
algo eterno,
¡todavía nada lo había sido! Eterno debe ser,
¿Pero qué hay eterno? ¿Por qué no la raza humana?
Y ¿los antepasados de Adán no tenían fin?
Eso es difícil de concebir, ya que cada enlace,
de esa cadena es tan frágil.
¿Cada parte puede depender de todo?
Sin embargo, concédele cierto lugar a nuevas dificultades,
todavía estoy bastante lejos del mar, ni veo la orilla,
¿de dónde viene la tierra? ¿También es Eterna?
La materia fue eterna, todavía lo es,
el padre quiere más diseño.

Se puede ver en todos sus movimientos, todas sus marcas.
Diseño implica inteligencia y arte,
que no puede ser de sí mismos —o del hombre.
¿El hombre puede comprender el arte?
Y no hay nada más grande que el hombre,
¿qué movimiento, ajeno a los granos más pequeños?
¿Disparo a través de las grandes masas con su enorme peso?
¿La oferta global inquieta a la materia bruta?
Diversas formas, y le dio alas para volar.
¿Tiene movimiento innato? Entonces cada átomo,
hace valer su derecho,
para bailar, formaría un universo.
¿No tiene ninguna materia? Entonces, ¿dónde reposaba?
¿La materia tiene más que movimiento? Ha pensado,
sentencia y genio es profundamente aprendido.
¿En matemáticas? Hay leyes.
¿Cuál, para adivinar, un hecho que Newton hizo inmortal?
El arte, y la conducta,
y que con mayor medida la habilidad humana,
no reside en cada bloque —reina la divinidad,
y, si hay un Dios, ese Dios que grande es.

—Edward Young (1681-1765)

Apéndice D

La oración es poder

Por Alexis Carrel, M.D

La oración no es sólo la adoración, también es una emanación del espíritu invisible del hombre culto, la forma más poderosa de energía que uno puede generar. La influencia de la oración en la mente y el cuerpo humano es tan demostrable como la de las glándulas secretoras. Sus resultados se pueden medir en términos de mayor dinamismo físico, gran vigor intelectual, la resistencia moral y una comprensión más profunda de las realidades subyacentes de las relaciones humanas.

Hay que hacer un hábito de la oración sincera, tu vida será notable y profundamente alterada. Se imprimen como sellos, con marca indeleble de nuestras acciones y conductas. Tranquilidad, una limpieza de cutis y el reposo del cuerpo, se observan en aquellos cuyas vidas interiores son enriquecidas. Dentro de las profundidades de la conciencia se enciende una llama. Y el hombre se puede ver. Él descubre su egoísmo, su tonto orgullo, sus temores, sus egoísmos y su metedura de pata desarrollando un sentido de obligación moral: la humildad intelectual. Así comienza un viaje del alma hacia el reino de la gracia.

La oración es una fuerza tan real como la gravedad terrestre. Como médico, he visto a los hombres que después de que todo tratamiento ha fracasado, han logrado salir de la enfermedad y de la melancolía por medio del esfuerzo sereno de la oración. Es el único poder en el mundo que parece superar la llamada "ley de la naturaleza". En algunas ocasiones la oración se ha hecho dramáticamente evidente y las han nombrado "milagros". Pero hay un milagro silencioso constante a cada hora en los corazones de los hombres y las mujeres que han descubierto que la oración les da un poder constante para mantener su vida cotidiana.

Hay demasiadas personas que piensan en la oración como una rutina de palabra, o como un refugio de las cosas materiales. Estamos tristemente desvalorando la oración cuando la concebimos en estos términos, la subestimamos como a la lluvia al describirla como algo que llena la cubeta en el jardín. Cuando logramos comprenderlo podemos darnos cuenta que la oración es una actividad madura e indispensable para el pleno desarrollo de la personalidad, para la integración definitiva de nuestras facultades. Solamente con la oración podemos lograr una completa y armoniosa fuerza inquebrantable del cuerpo, la mente y el espíritu.

Las palabras "Pide y se te dará", han sido verificadas por la humanidad. La verdadera oración no puede revivir al niño muerto, ni proporcionarle alivio del dolor físico. Pero la oración, como el radio, es una fuente de energía luminosa, la generación de autosatisfacción.

¿Cómo funciona el poder de la oración?

Para responder a esta pregunta (aunque fuera de la jurisdicción de la ciencia), debo señalar que todas las oraciones tienen una cosa en común, la humilde súplica de un cazador rogando por suerte en la caza, puede ser una gran oración al igual que cualquier persona orando por tener suerte en algo, la misma verdad, y en ambos casos los seres humanos tratan de aumentar su energía infinita porque se avocan a la fuente infinita de toda la energía. Cuando oramos, nos enlaza con la fuerza que hace girar el universo. Pedimos que una parte de este poder se reparta a nuestras necesidades. Incluso en las súplicas, nuestras deficiencias humanas se llenan y nos levantamos reforzados y reparados.

Pero nunca debemos llamar a Dios simplemente por la satisfacción de nuestros caprichos. Tiene mayor poder la oración cuando la usamos, no como una petición, sino como una súplica que podemos llegar a ser más como él. La oración debe ser considerada como práctica de la presencia de Dios. Un viejo campesino estaba sentado solo en el último banco de la iglesia. "¿Qué estás esperando?" le preguntaron, y él respondió, "Estoy buscándolo a Él y Él me está mirando". El hombre no reza sólo para que Dios lo recuerde, sino también para que él recuerde a Dios.

¿Cómo puede definirse la oración? La oración es el esfuerzo del hombre para llegar a Dios, para comunicarse con un ser invisible, creador de todas las cosas, la sabiduría suprema, la verdad, la belleza, la fuerza y redentor de cada hombre. Esta meta de la oración siempre le permanece oculta a la inteligencia. Lenguaje y pensamiento no bastan cuando tratamos de describir a Dios.

Lo que sí sabemos, sin embargo, es que cada vez que nos dirigimos a Dios por medio de la oración cambiamos nuestra alma y el cuerpo para mejorar. No puede suceder que un hombre o una mujer oren por un momento sin algún resultado: "Ningún hombre reza", dijo Emerson, "sin haber aprendido algo".

Se puede rezar en todas partes. En las calles, el metro, la oficina, la tienda, la escuela, así como en la soledad de una habitación o entre la multitud en una iglesia, no hay nada escrito, puede ser a cualquier hora y en cualquier lugar.

"Piensa en Dios más a menudo de lo que respiramos", dijo el estoico Epicteto. Con el verdadero fin de moldear la personalidad, la oración debe convertirse en un hábito. No tiene ningún sentido rezar en la mañana y vivir como un bárbaro el resto del día. La verdadera oración es una forma de vida, la verdadera vida es literalmente una forma de oración.

Las mejores oraciones son como las improvisaciones de los amantes, siempre lo mismo, pero nunca dos veces igual. No todos podemos ser tan creativos en la oración como Santa Teresa o Bernardo de Claraval, quienes volcaron su adoración en palabras de belleza mística. Afortunadamente, no necesitamos su elocuencia, nuestro más mínimo impulso de la oración es reconocido por Dios. Incluso si son tontas, o si nos cubrimos con la vanidad o el engaño, nuestras escasas sílabas de alabanza son aceptables por Él, y Él nos escucha con todo su amor.

Hoy, como nunca antes, la oración es una necesidad obligatoria en las vidas de los hombres y las naciones. La falta de énfasis en el sentido religioso ha llevado al mundo al borde de la destrucción. Nuestra más profunda fuente de poder y la perfección se ha dejado de desarrollar miserablemente. La oración es el ejercicio básico del espíritu, hay que practicarla activamente en nuestra vida privada. El alma descuidada del hombre debe ser lo suficientemente fuerte para imponerse una vez más. Porque si el poder de la oración es de nuevo liberado y utilizado en las vidas de hombres y mujeres comunes, si el espíritu declara su objetivo con claridad y valentía, aún hay esperanza de que nuestras oraciones por un mundo mejor sean contestadas.

❑❑

Apéndice E

La oración del pastor

Moisés vio a un pastor en el camino, llorando, "¡Oh Señor!
quién fuera como tú,
de donde estás, para que pueda servirte
donde estás para peinar tu cabello
para que lave la ropa y mate los piojos
llevarte la leche, ¡Oh, venerable!
que pueda besar tu pequeña mano y abrazar tu pequeño pie
y limpiar tu pequeño deshollinador de la habitación en la hora de dormir".
Al oír estas palabras necias, Moisés dijo:
"Hombre, ¿a quién le hablas?
¡Qué blasfemia en tus desatinos!
Pon un poco de algodón en la boca
la amistad de un tonto es enemistad, la unión con
Dios no está en la falta de servicios".
El pastor alquiló su vestido, exhaló un suspiro,
y tomó su camino hacia el desierto.
Luego vino a Moisés una revelación: tú has separado
a Mi siervo de mí.
Si fueras como un profeta enviado para unir, o si tú fueras
enviado a servir

he concedido en todo el mundo una forma particular de
adoración,
he dado a cada uno una forma peculiar de expresión.
No mires la lengua y el habla, mira el
espíritu y el sentimiento hacia el interior.
Mira en el corazón para ver si son humildes
a pesar de que las palabras pronunciadas no sean
humildes
basta ya de palabras, conceptos y metáforas
quiero quemar, quemar, familiarizarte con la quema
ilumina el fuego del amor en tu alma, quema todo
pensamiento y expresiones distantes
Moisés, los que conocen las convenciones son de una clase,
Aquellos cuyas almas se queman son de otra.

—Jalai-al-Din Rumi

❑❑

Apéndice F

Un pie en la tumba

Esto debe ser el ejercicio constante de la comunidad cristiana y resulta apta para todos los tiempos y para todas las personas, y sin ella, es imposible vencer las tentaciones del mundo, o vivir en la práctica de la divina virtud celestial. Pero esto debería ser constante, deben ser de esos hombres que han vivido lo suficiente felices en el mundo para tomar un permiso de que han corrido a través de todas las escenas, etapas de la vida humana, ahora la muerte y pronto verán otro mundo.

Y esto es lo que hace que "un retiro del mundo" sea tan necesario o útil, no sólo para aliviar nuestras labores corporales y para obtener un poco de descanso de los negocios, también para que se disuelva la pereza y la ociosidad, o para buscar un compañero, o para escuchar noticias, o para hablar de política, o para encontrar alguna manera de pasar el tiempo. Ahora está en tus manos, y es más incómodo y molesto para ellos que la compañía lo fue. Este es un estado más peligroso, y lo lleva a una muerte feliz mejor que todos los cuidados y los problemas de una vida, pero debe retirarse de este mundo al tener más tiempo libre, así tendrá mayores oportunidades para prepararse para la siguiente, para arreglar y cultivar la mente y nuestra alma, vestirlas como una novia que se arregla para cumplir con su novio.

Cuando los hombres conversan mucho en este mundo y se distraen por los cuidados y negocios, cuando viven en una multitud de clientes y clientes, y se precipitaron fuera de sus lugares, para el intercambio, desde sus cámaras a la barra, y cuando han cumplido con una obligación, se presiona con fuerza por otro, que por la noche apenas tienen espíritu para decir sus oraciones no tienen ni tiempo para ellos mismos por la mañana, y el día del Señor es en sí mismo el pensamiento más propio para el descanso y el refrigerio la devoción. Y después de todo el cuidado que podemos tener, ¿en este mundo se inflaman nuestros afectos?, cuando se emplea nuestro tiempo y pensamientos en lo superfluo. Cuando toda nuestra vida es la compra y venta, cuando todo es conducir buenos negocios, y hacer medios de transporte y asentamientos de las fincas, este trastorno de nuestras pasiones, rencillas y disputas ocasionales, nos dan un tinte de orgullo, ambición, codicia, no hay suficiente trabajo después de una vida ocupada, incluso para los hombres bien, para lavar las manchas y las contaminaciones, para obtener el sabor y condimento en este mundo y para reactivar y acelerar el sentido de Dios y de otro mundo.

Esta es una razón suficiente para que esos hombres, como ya los he observado antes, que para contratar su negocio y tener el mando mismo, pueden tener tiempo libre pero para que se den el tiempo para rezar, meditar, para autoobservarse para cuidar de sus almas no lo hacen, antes de que tengan cerca una llamada de la muerte, pero, cuando la muerte está a la puerta y la naturaleza sigue su curso, entonces, sabemos que es así.

Orar es muy adecuado para dejar el mundo, antes de que nos retiremos de él, para que sepamos cómo vivir sin él, no podemos llevarnos ningún anhelo con nosotros al siguiente mundo, por lo que es muy apropiado saber que debe haber una especie de estado intermedio entre este mundo y el próximo, es decir que debemos retirarnos de este mundo, debemos aprender a desengancharnos de él, incluso mientras estamos en él, lo cual hará que sea más fácil partir de este mundo y nos hace más aptos para pasar al siguiente mundo. Es extraño pero las personas no lo hacen a menos que tengan necesidades familiares y nos permiten ver cómo los hombres que se encuentran por salir de este mundo, dejan sus riquezas, su edad, la cabeza y los oídos en este mundo. Sólo algunos hombres piensan un poco sobre el otro mundo, y nunca estarán satisfechos con esta tierra hasta que estén enterrados en ella.

Sherlock W. — ***Un discurso práctico sobre la muerte***

❑❑

Bibliografía

El retorno a la religión – Dr. Henry C. Link

Mi imitación de Cristo – Thomas A Kempis

La conquista de la felicidad – Bertrand Russell

Rumi, poeta y místico – George Allen & Unwin, Londres

Meditaciones de Marco Aurelio

Filosofía eterna – Aldous Huxley

La clave para vivir – Mauriel Wrinch, Rider, Londres

Psicología del sexo – Havelock Ellis

El espectador – Joseph Addison

Cómo ganar amigos e influir sobre las personas – Dale Carnegie

Cómo dejar de preocuparse y comenzar a vivir – Dale Carnegie

El poder del pensamiento positivo – Dr. Norman Vincent Peale

Gandhi, el hombre y su Misión – Louis Fischer

Bondadosa luz guía – Vincent Sheean

Mi Gandhi – Dr. John Haines Holmes

Un viaje para Lourdes – Dr. Alexis Carrel

Guerra y paz – Leon Tolstoi

Autobiografía – Benjamín Franklin

Diario de Amiel

Una memoria de su hijo, Tennyson (Alfred Tennyson) – Macmillan

El matrimonio y la moral – Bertrand Russell